NOS TEMPOS DA **GUANABARA**

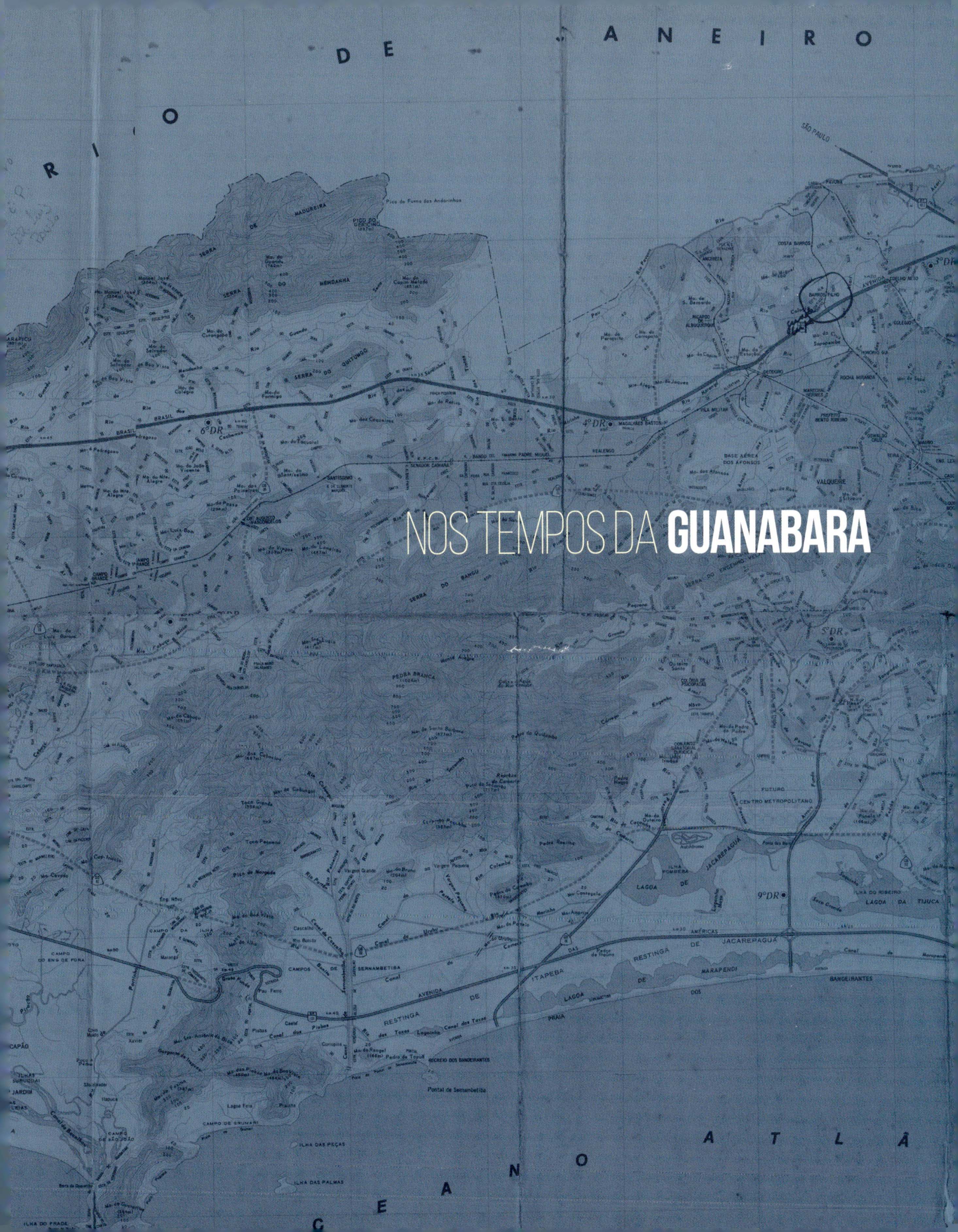

Marly Motta e Ana Maria Mauad

ORGANIZAÇÃO PAULO KNAUSS

NOS TEMPOS DA GUANABARA

1960-1975 UMA HISTÓRIA VISUAL

EDIÇÕES DE JANEIRO

BAZAR DO TEMPO

EDUARDO PAES

PREFEITO DA CIDADE DO RIO DE JANEIRO

Um dos grandes legados das comemorações de 450 anos é a Biblioteca Rio450, que tem cerca de 20 obras patrocinadas pela Prefeitura do Rio e tantas outras com a chancela do Comitê Rio450. Os livros da Biblioteca Rio450 tratam de temas que ajudam a compreender a tão consagrada e falada carioquice. Foi com muito orgulho que assinei o decreto reconhecendo este "estado de espírito" como patrimônio imaterial do município, em um dia de enorme felicidade para mim, o aniversário de 450 anos do Rio, em 2015.

Do samba ao botequim, da Maré à Lagoa, do teatro às escolas de samba, os livros da Biblioteca Rio450 abordam características marcantes do carioca e revisitam lugares que fazem parte do imaginário afetivo da Cidade. Em um momento em que o Rio vive um processo de grande transformação e expansão, mais do que nunca, é preciso olhar detidamente para nossas tradições.

Diversas intervenções, especialmente no Centro, contribuem para lançar foco sobre o patrimônio material e imaterial da Cidade. A relação do carioca com a Baía de Guanabara, que é nossa razão de existir, é uma delas. Com a substituição da Perimetral pelo novo paisagismo da Região Portuária, vamos voltar a olhar para a Guanabara com o carinho que ela merece. O VLT resgata outra tradição genuína, os bondes, que retornam às ruas repaginados.

Tão cantado na música e retratado em pinturas e fotografias, o Rio de Janeiro também se presta a ser estudado e analisado. Em 1906, a Prefeitura do Distrito Federal realizou de forma pioneira o Censo Demográfico, republicado recentemente pela Prefeitura do Rio, na primeira iniciativa de pensar sobre os 450 anos, ainda em 2013.

A tradição de patrocinar a publicação de estudos e livros sobre o Rio teve importantes capítulos escritos em outros momentos da história da Cidade, como na comemoração do IV Centenário, em 1965. A Biblioteca Rio450 é a contribuição da Prefeitura do Rio para tornar o conhecimento sobre a história carioca mais acessível, não apenas com a publicação de novos autores, como também com a reedição de obras de referência de historiadores e escritores. Nesse time, podemos incluir Vivaldo Coaracy, Magalhães Correa e Gilberto Ferrez.

Ao lado de realizações grandiosas como a substituição da Perimetral e a implantação do VLT, a própria Biblioteca Rio450 também se insere, singelamente, neste esforço de divulgar nossas tradições mais autênticas.

Aproveite, leitor, em cada página deste livro e em cada livro desta coleção, uma dose de carioquice.

EDITORA
Ana Cecilia Impellizieri Martins

COORDENADORA DE PRODUÇÃO
Cristiane de Andrade Reis | *Miradouro*

PESQUISA ICONOGRÁFICA
Ana Maria Mauad

PESQUISADORES ASSISTENTES
Clarissa Ramos
Lainne Dias
Pedro Motta
Pérola Lannes

PROJETO GRÁFICO
Victor Burton

DESIGNERS ASSISTENTES
Adriana Moreno
Anderson Junqueira

TRATAMENTO DE IMAGENS
Leandro Collares | *Selênia*

COPIDESQUE
Angela Vianna

REVISÃO
Aline Castilho

REALIZAÇÃO
Bazar do Tempo

ADMINISTRAÇÃO DE PROJETO
Anima Projetos Culturais

IMPRESSÃO
R.R. Donnelley

Bazar do Tempo Produções e Empreendimentos Culturais Ltda.
contato@bazardotempo.com.br

Página 1:
Mapa rodoviário do Estado da Guanabara. 1971.

Página 4:
Negrão de Lima inaugura chafariz luminoso. Largo do Machado, 12 de fevereiro de 1968.

Página 8:
Festividade do Dia de Tiradentes. Avenida Primeiro de Março, 21 de Abril de 1971.

Página 12:
Obras do alargamento da avenida Atlântica. 25 de setembro de 1969.

Página 14:
Obras nas encostas e ligação entre as duas galerias do Túnel Rebouças e de construção do viaduto Pedro Álvares Cabral, na Praia de Botafogo. 27 de março de 1969.

CIP-BRASIL. CATALOGAÇÃO NA PUBLICAÇÃO
SINDICATO NACIONAL DOS EDITORES DE LIVROS, RJ

M875n
Motta, Marly
Nos tempos da Guanabara – Uma história visual (1960-1975)
/ Organização: Paulo Knauss
Marly Motta e Ana Maria Mauad. 1. ed. Rio de Janeiro: Bazar do Tempo e Edições de Janeiro, 2015. il.
ISBN 978-85-69924-00-5
ISBN 978-85-67854-78-6
1. Rio de Janeiro (RJ) - História. 2. Estado da Guanabara - História.
I. Knauss, Paulo. II. Título
15-26944 CDD: 981.531
CDU: 94(815.31)

Patrocínio

Apoio

Realização

SUMÁRIO

APRESENTAÇÃO
LEONARDO ESPÍNDOLA
SECRETÁRIO DE ESTADO DA CASA CIVIL DO GOVERNO DO ESTADO DO RIO DE JANEIRO

Este livro tem como ponto de partida o valioso acervo fotográfico existente no Arquivo Público do Estado do Rio de Janeiro (Aperj) referente ao serviço de fotografia de governo do período entre 1960 e 1998 que constitui o fundo da Assessoria de Informação e Difusão (AID), órgão que antecedeu a atual Subsecretaria de Comunicação Social, da Secretaria de Estado da Casa Civil do governo do estado do Rio de Janeiro.

Composto por cerca de 300 mil itens entre negativos, cópias-contato e fotografias, o fundo da AID contém imagens que retratam os governos do antigo estado da Guanabara, do antigo estado do Rio de Janeiro e do novo estado do Rio de Janeiro, que surgiu da fusão dos dois estados anteriores em 1975 e representa a fase da produção de registros visuais anterior à introdução da fotografia digital no serviço de comunicação social de governo.

Recolhido em 2005, ao longo dos últimos anos o acervo recebeu tratamento técnico e encontra-se disponível para consulta no Arquivo Público do Estado do Rio de Janeiro oferecendo aos pesquisadores e ao público em geral um amplo painel dos governos compreendidos no seu período de abrangência, com registros de atos e eventos oficiais, obras públicas, recepções, assinaturas de acordos e contratos, reuniões com secretariado e com grupos da sociedade civil, entrevistas e comícios, entre outros temas, demonstrando a importância da fotografia como instrumento de informação, divulgação e comunicação social do Estado.

O livro *Nos tempos da Guanabara* tem como foco a história do estado da Guanabara – criado em 1960 após a transferência da capital federal para Brasília e extinto em 1975 com a fusão com o estado do Rio de Janeiro – através das imagens dos governos de Carlos Lacerda, Negrão de Lima e Chagas Freitas pertencentes ao acervo da Assessoria de Informação e Difusão. O percurso realizado permite acompanhar, ao longo desse período, a rotina governamental nos seus mais variados aspectos apontando as características e especificidades de cada governador na construção de sua imagem pública e revelando dimensões da relação entre imagem, estado e sociedade. Além disso, traz uma importante contribuição para a história da fotografia no Rio de Janeiro e no país a partir da estética própria e da beleza de suas imagens.

Esta publicação possui ainda o objetivo de afirmar o compromisso do governo do estado do Rio de Janeiro com a preservação e divulgação da memória fluminense e nacional através das ações desenvolvidas pelo Arquivo Público do Estado do Rio de Janeiro em sua missão institucional, enquanto órgão de referência arquivística do poder Executivo estadual.

Criado em 1931, o Arquivo Público do Estado do Rio de Janeiro, atualmente vinculado à Secretaria de Estado da Casa Civil, tem por finalidade implementar a política estadual de arquivos, por meio do recolhimento, gestão, organização, preservação e divulgação do patrimônio documental estadual, garantindo pleno acesso à informação, visando a apoiar as decisões governamentais de caráter político-administrativo, o cidadão na defesa de seus direitos e a incentivar a produção de conhecimento científico e cultural. Seu acervo, com cerca de três mil metros lineares, reúne

documentos de extrema importância para estudos sobre a história e a sociedade fluminenses a partir da segunda metade do século XVIII, constituindo um inestimável patrimônio histórico do país.

Destacam-se nesse acervo os conjuntos documentais referentes à antiga província do Rio de Janeiro, tombado pelo Instituto Estadual do Patrimônio Cultural (Inepac), os documentos das delegacias de polícia política do antigo Distrito Federal, dos antigos estados da Guanabara e do Rio de Janeiro, e do novo estado fluminense, cujo interesse social foi reconhecido pelo registro nacional e internacional do Programa Memória do Mundo da Unesco e pelo arquivo fotográfico da Assessoria de Informação e Difusão, objeto da presente obra.

O livro *Nos tempos da Guanabara* apresenta uma mostra significativa da riqueza dos documentos depositados no Arquivo Público do Estado do Rio de Janeiro e é representativo da política institucional desenvolvida nos últimos anos de investimento no recolhimento, tratamento e difusão do seu acervo.

Por fim, esta publicação encerra com chave de ouro a exitosa gestão de Paulo Knauss, ao longo de oito anos, à frente do Arquivo Público do Estado do Rio de Janeiro. Na Direção Geral do APERJ, Knauss foi responsável pela implantação de um precursor Sistema Estadual de Arquivos, através do Programa de Gestão de Documentos, que se tornou referência em todo o país, e desenvolveu projetos fundamentais voltados para a preservação e divulgação do acervo do Arquivo Público do Estado do Rio de Janeiro.

ACIMA, DA ESQUERDA PARA A DIREITA:
SOLENIDADE DO DIA DA BANDEIRA.
PALÁCIO GUANABARA, 19 DE NOVEMBRO DE 1963.

O GOVERNADOR RECEBE BERNARDO HOUSSAY, PRÊMIO NOBEL DE MEDICINA.
PALÁCIO GUANABARA, 16 DE MAIO DE 1968.

PÁGINA AO LADO:
INAUGURAÇÃO DO QUARTEL DE CAVALARIA DA POLÍCIA MILITAR.
CAMPO GRANDE, 11 DE MAIO DE 1972.

VEPLAN

PREFÁCIO

MARCELO CALERO

SECRETÁRIO MUNICIPAL DE CULTURA
E PRESIDENTE DO COMITÊ RIO450

A condição política do Rio de Janeiro passou por transformações que, ao longo dos seus 450 anos de história, refletem a crescente importância da cidade inicialmente relegada a segundo plano pelos portugueses. Repleto de montanhas e vales alagadiços, o local às margens da baía de Guanabara, onde seria fundada a cidade, era aparentemente desfavorável para tanto. Com o desenvolvimento da colônia, o Rio passa a ocupar uma posição geográfica estratégica para as pretensões da metrópole. Desta forma, torna-se capital do vice-reino, em 1763, na primeira de uma série de modificações de status que chegaria até os anos 1970, com a fusão dos estados da Guanabara e do Rio de Janeiro.

O Rio de Janeiro foi a única cidade do hemisfério sul capital de um império europeu, o Reino Unido de Portugal, Brasil e Algarves. Aqui nasceu e foi batizada Maria da Glória, filha de D. Pedro I e da Imperatriz Leopoldina, que se tornaria rainha de Portugal. Com a indpendência do Brasil, mantivemos a condição de capital, primeiramente do Império brasileiro e depois da República.

Assim permanecemos até a criação de Brasília. O novo arranjo federativo que deveria surgir a partir da transferência do Distrito Federal alimenta debates apaixonados – neste contexto Vinicius de Moraes vaticina: "Ser carioca é um estado de espírito" – e permanece indefinido até meados de abril de 1960, quando, por meio da Lei San Tiago Dantas, decide-se pela convocação da Assembleia Constituinte da Guanabara.

Primeira e única experiência de cidade-estado no Brasil, o estado da Guanabara marca profundamente a paisagem do Rio de Janeiro, a vida das instituições e, até hoje, o imaginário da população. Revisitar o período, nesta preciosa obra organizada pelo professor Paulo Knauss, contando com as contribuições das professoras Marly Motta e Ana Maria Mauad, é, a um só tempo, reviver um momento único da política local e entender as razões de muitas das contradições sociais que enfrentamos hoje, especialmente no que se refere às controversas – e, em muitos casos, desastrosas – ações de habitação popular.

Nos tempos da Guanabara é lançado no momento em que se discute soluções para as regiões metropolitanas. Muitos dos balizamentos que serviram de argumento para defender a criação da cidade-estado devem ser revisitados. A obra constitui, portanto, um valoroso e ilustrado ponto de partida.

INTRODUÇÃO
PAULO KNAUSS

A comemoração dos 450 anos do Rio de Janeiro é uma oportunidade para visitarmos diferentes épocas da história da cidade. Uma delas apresenta-se aqui, mobilizando a memória do tempo em que a cidade foi o estado da Guanabara – criado após a transferência da capital federal para Brasília, em 1960, com a transformação do ex-Distrito Federal em unidade da federação formada por um só município. A Guanabara existiu até o ano de 1975, quando ocorreu a fusão com o antigo estado fluminense para dar origem ao atual estado do Rio de Janeiro, tendo a cidade homônima como sua capital.

Neste livro, a história do estado da Guanabara é traçada da perspectiva dos governos que o administraram. Depois do breve interregno inicial do governador José Sette Câmara, seguiram-se os governadores Carlos Lacerda, Francisco Negrão de Lima e Antonio Chagas Freitas, que marcaram época por conduzir o estado ao longo do período imediatamente anterior e posterior ao Golpe de 1964. Os "tempos da Guanabara" representam, assim, uma época de tensões entre a democracia e o autoritarismo no Brasil que fizeram da sede do governo, o Palácio Guanabara, e da cidade do Rio de Janeiro o palco de acontecimentos com ressonância nacional.

No entanto, procura-se aqui também sublinhar as realizações de governo que se inscreveram no espaço da ação local dos bairros da cidade naquele período, ações representativas da construção de lideranças políticas que repercutiram até tempos recentes no jogo político do Rio de Janeiro. Não seria exagero dizer que *Nos tempos da Guanabara* caracteriza a época em que a cidade era o sujeito exclusivo da política estadual, encarnado na personalidade do governante da ocasião. Considerando que nos períodos anteriores o governo municipal era subordinado ao poder federal, a experiência da Guanabara foi um momento ímpar, em que a política da cidade encontrou expressão social inusitada até então. Mais que nunca, a política se apresentava então como um fato urbano, e a cidade se definia como espaço da política.

Nas páginas que se seguem, o leitor acompanhará a história da construção do estado da Guanabara entre 1960 e 1975, por intermédio de suas diferentes administrações, tendo como principal fonte as fotografias produzidas pelo serviço governamental. Para tanto, adotou-se como base o farto acervo fotográfico recolhido no Arquivo Público do Estado do Rio de Janeiro (Aperj), que abarca o conjunto de imagens produzidas pelo serviço de fotografia de governo entre 1960 e 1998. Trata-se de um dos mais ricos conjuntos de imagens oficiais conhecidos no país, compondo o fundo documental da antiga Assessoria de Informação e Difusão (AID) – que antecedeu a atual Subsecretaria de Comunicação Social da Secretaria de Estado da Casa Civil.

O tratamento técnico do fundo documental, que inclui as imagens do tempo dos governos da Guanabara, foi desenvolvido no âmbito do projeto Governadores em foco, apoiado pela Fundação Carlos Chagas de Amparo à Pesquisa do Estado do Rio de Janeiro (Faperj) e pelo Conselho Nacional de Pesquisa (CNPq), numa parceria do Aperj com o Laboratório de História Oral e Imagem da Universidade

Federal Fluminense (Labhoi-UFF), vinculado ao Programa de Pós-Graduação em História da mesma universidade.

O projeto foi realizado durante seis anos de rotina intensa de trabalho, com a participação de jovens pesquisadores de iniciação científica e estagiários, sob a coordenação de profissionais de arquivo e pesquisadores em história, com o objetivo de disponibilizar ao público uma série excepcional de imagens de governo. Ao lado de outros conjuntos documentais clássicos, essas fotos afirmam o Arquivo Público como lugar de memória do poder Executivo do estado do Rio de Janeiro. A existência desse acervo, assim como a história do estado da Guanabara, exemplifica como, no caso da cidade do Rio de Janeiro, estado e município confundem-se na memória.

Com a proximidade de quem testemunha os fatos da história, as imagens reunidas neste livro permitem acompanhar os acontecimentos e realizações que envolveram a ação e os feitos de cada um dos governadores da Guanabara. Ao mesmo tempo, elas revelam a construção de um olhar que, por meio da difusão das fotografias, procurava dar personalidade própria às várias administrações, distinguindo visualmente a ação de cada gestor em particular.

Os fotógrafos produtores dessas representações visuais foram os sujeitos históricos capazes de captar com suas lentes a operação que fazia a imagem pessoal de cada governador encarnar toda a ação coletiva de sua administração, traduzindo como o governo se apresentava para a sociedade. Não se pode deixar de observar que isto era decisivo, especialmente naquele período em que, ao lado do rádio, as fotos eram um dos principais veículos de propagação dos fatos da política, divulgadas em preto e branco e quase sempre estampadas nas páginas de jornais e revistas ilustradas – num momento em que nem a televisão nem a internet dominavam ainda a circulação de imagens na sociedade, diferenciando os tempos históricos, o passado e o presente. Contudo, tal como hoje, o processo de difusão da fotografia de governo visava a influenciar a pauta dos meios de comunicação, especialmente da imprensa, entrelaçando o mundo da sociedade política com o da sociedade civil, mobilizando sentidos e impressões para promover a reunião entre governo e sociedade.

Nos tempos da Guanabara, portanto, ilustra magistralmente como o caráter documental da fotografia de governo atrela-se aos usos políticos da imagem, propondo novas bases para a abordagem da história política e lançando novo olhar sobre a vida social do Rio de Janeiro. A qualidade de certas imagens surpreende e valoriza a criação do universo da fotografia de governo, que caracteriza um gênero específico de fotojornalismo, poucas vezes destacado na bibliografia especializada – em função de sua natureza de instrumento oficial. No seu encontro com a história, no entanto, essas imagens revelam imenso potencial para a análise, não apenas pela informação contida, mas também pela construção do olhar com traços de um certo tempo histórico da política carioca.

O poder evocativo das fotos aqui reunidas provoca a ressonância no presente de um passado nem tão distante assim. A mística em torno de personagens históricos, como os governadores Carlos Lacerda, Negrão de Lima e Chagas Freitas, sustenta ainda hoje modelos de ação política em torno dos quais as expressões lacerdismo e chaguismo ganham sentido. Além disso, as fotografias selecionadas apresentam fatos da história, como obras públicas e atos de governo de outras épocas da cidade com as quais, no entanto, os habitantes do Rio de Janeiro ainda convivem. Mesmo tendo deixado de existir, muitas das realizações do tempo do estado da Guanabara continuam a ser marcos importantes da atual vida carioca.

Entre a percepção de continuidades e descontinuidades históricas, neste livro, a dinâmica da história política da cidade do Rio de Janeiro é tratada inicialmente no texto de referência geral, de autoria de Marly Motta, pesquisadora conhecida por inúmeras publicações dedicadas à história política da cidade do Rio de Janeiro, e que apresenta um esforço de síntese e análise de cada um dos governos do estado da Guanabara.

A segunda parte reúne uma mostra de fotografias de governo cuja seleção e organização coube a Ana Maria Mauad, professora do Departamento de História da UFF e destacada pesquisadora da história da fotografia no Brasil. Ela mostra aqui como a fotografia participou da vida política do estado ao registrar os atos de governo. Cada imagem tem um sabor especial, pois o habitante que conhece a história da cidade redescobre nas fotos o rosto dos personagens e o ambiente de uma época, percebendo como os lugares configuram o espaço da ação histórica. Por meio da fotografia, os olhos do leitor são levados a ver a cidade do Rio de Janeiro como acontecimento.

Por fim, cabe ainda o registro de agradecimentos à Fundação do Museu da Imagem e do Som, que, por meio de sua presidente, Rosa Maria Araújo, e de sua diretora técnica, Célia Costa, garantiu o acolhimento do acervo de fotografias da AID no Arquivo Público. A gratidão se estende a todos os colegas do Aperj e da UFF, sob a coordenação técnica de Maria Teresa Bandeira de Mello, que se comprometeram com a realização do trabalho de tratamento técnico do acervo, assegurando a realização da pesquisa.

O incentivo de primeira hora do ex-subsecretário de Comunicação Social do governo do estado do Rio de Janeiro, Ricardo Cota, e do ex-subsecretário de gestão da Casa Civil, Marco Antonio Horta, foi valioso para que o projeto do livro se materializasse. O apoio da Imprensa Oficial do Estado do Rio de Janeiro, por meio do seu presidente, Haroldo Zager, foi decisivo para viabilizar a publicação, que obteve ainda o patrocínio de edital da Prefeitura da Cidade do Rio de Janeiro, sendo acolhido com interesse pelo Comitê Rio450, presidido pelo secretário municipal de Cultura, Marcelo Calero. Desse modo, a realização de *Nos tempos da Guanabara* resulta de uma colaboração entre os governos estadual e municipal, o que confirma o entrelaçamento histórico das duas instâncias.

À Bazar do Tempo, representada por sua editora Ana Cecilia Impellizieri Martins, cabe um agradecimento especial, por ter acreditado com entusiasmo na criação deste livro e por ter contribuído para sua realização.

PARTE 1

GUANABARA
UM ITINERÁRIO POLÍTICO

Marly Motta

"Pra alma não se atrofiar
Brasil, tua cara ainda é o Rio de Janeiro
Três por quatro da foto e o teu corpo inteiro (...)
Chorei
Com saudades da Guanabara."

SAUDADES DA GUANABARA, 1989
MOACYR LUZ E PAULO CÉSAR PINHEIRO

Por que saudades da Guanabara? Por que saudades de um estado de vida curta – apenas quinze anos –, que não existe mais desde 1975? A letra da música de Moacyr Luz e Paulo César Pinheiro lança algumas pistas sobre essa nostalgia em relação ao tempo em que a cidade do Rio de Janeiro, depois de deixar de ser a capital federal, em 1960, transformou-se no mais novo estado federado, a Guanabara. A principal delas, sem dúvida, é a relação de identidade entre a Guanabara e o Brasil, em uma constante reiteração de que a cidade do Rio de Janeiro continua a ser a "cara da nação", seja em foto três por quatro ou de corpo inteiro. Como diz outra música, até mais conhecida, "o Rio de Janeiro continua sendo..."

Mas há outros motivos para que a experiência de estado da Guanabara vivida pela cidade do Rio de Janeiro entre 1960 e 1975 ocupe um lugar especial na memória política carioca. Pela primeira vez, pôde o eleitorado da cidade desfrutar do direito de escolher, por via direta, o seu governante, e puderam a política e os políticos cariocas operar, em boa medida, sem os limites e constrangimentos determinados pelo modelo político-institucional que o regime republicano havia construído para sua capital. Só para lembrar: o eleitorado do Distrito Federal (DF) não elegia seu prefeito, que era indicado pelo presidente da República. O Senado federal, a quem cabia avaliar os vetos do Executivo municipal, também tinha papel preeminente nos arranjos da política carioca.[1]

PÁGINA 18:
HANS MANN.
PRAÇA DA CINELÂNDIA, 1960.
ACERVO VICTOR BURTON.

PÁGINA AO LADO:
HANS MANN.
COPACABANA, 1962.
ACERVO VICTOR BURTON.

1 | Sobre a organização política do DF, ver, entre outros, Américo Freire, *Uma capital para a República: poder federal e forças políticas locais no Rio de Janeiro na virada para o século xx*, Rio de Janeiro: Revan, 2000.

Por isso mesmo, foi no estado da Guanabara que se consolidaram as duas mais importantes correntes da política carioca – o lacerdismo e o chaguismo[2] –, que se tornariam referências paradigmáticas de concepções e padrões de atuação na política da cidade. A essa densidade política, acrescente-se o fato de que esses quinze anos são percebidos como uma "idade de ouro" não só da cidade, como do próprio país. Se Brasília era a Novacap, a Guanabara era a Belacap, ciosa da capitalidade[3] de fato e berço de movimentos culturais que então marcavam o país, como a Bossa Nova, o Cinema Novo, a "Garota de Ipanema", a Jovem Guarda, entre outros. Portanto, a expressão "saudades da Guanabara" não é um simples devaneio nostálgico: pois, mais que âncora que imobiliza no passado, pode ser, sim, plataforma que impulsiona rumo ao futuro.

Ao longo de sua existência, a Guanabara teve quatro governadores: um provisório, indicado pelo presidente Juscelino Kubitschek (JK), o embaixador José Sette Câmara (abril-dezembro

2 | Ver Marly Motta, "Frente e verso da política carioca: o lacerdismo e o chaguismo", *Estudos Históricos*, Rio de Janeiro, 13 (24), 1999.

3 | Estamos tomando de empréstimo os conceitos de cidade-capital e de "capitalidade" tais como desenvolvidos por Giulio Argan, *L'Europe des capitales*, Genebra: Albert Skira, 1964. No Brasil, estes conceitos foram divulgados pela historiadora Margarida de Souza Neves, *Brasil, acertai vossos ponteiros*, Rio de Janeiro: Museu de Astronomia, 1991. O processo de constituição da cidade do Rio de Janeiro como a cidade-capital imperial e republicana foi estudado em Marly Motta, *O Rio de Janeiro continua sendo...: de cidade-capital a estado da Guanabara*, tese de doutorado, Departamento de História, Niterói, UFF, 1997; *Rio de Janeiro: de cidade-capital a estado da Guanabara*, Rio de Janeiro: Editora FGV, 2001.

1960); dois eleitos diretamente, Carlos Lacerda (dezembro 1960-dezembro 1965) e Francisco Negrão de Lima (dezembro 1965-março 1971); e, um, indiretamente, pela Assembleia Legislativa, Antonio Chagas Freitas (março 1971-março 1975). Era grande o desafio posto a estes governantes, sobretudo a própria tarefa de construir um novo estado em uma federação já consolidada. E a Guanabara não era "um estado qualquer". Ao contrário. Como muitos diziam, era um "estado especialíssimo".

Comecemos pela sua estrutura de cidade-estado, sem municípios e, portanto, sem o embate político-eleitoral das disputas municipais. O governador era a liderança política inconteste da Guanabara, possuindo, em princípio, um controle mais efetivo sobre as demandas da política local e uma negociação política muito particular com seus principais chefes.

Esse caráter "especialíssimo" se desdobrava ainda no fato de que a Guanabara conciliou, de maneira tensa e ambígua, o caráter nacionalizador de uma "capital de fato" – daí o sugestivo apelido de Belacap – com o processo de estadualização inerente à sua condição de mais novo membro da federação. Para cumprir esse duplo papel, a Guanabara se tornaria o que chamamos de estado-capital, adaptando-se aqui, com liberdade, o conceito de cidade-capital. Este, aliás, seria o desafio a ser enfrentado pelo estado ao longo de seus quinze anos de existência: herdeiro da capitalidade do Rio de Janeiro, precisava se construir, assim como construir seu lugar na federação, como estado. "Especialíssimo", é bem verdade.

Operando com o conceito de estado-capital, pretendemos analisar a formação da Guanabara, bem como o perfil e a trajetória de seus governadores, levando em conta a dinâmica da conjuntura política nacional e local. Uma das questões centrais desta análise é avaliar em que medida um ou outro elemento do binômio pesou mais ou menos na atuação político-administrativa dos governadores. A cada uma dessas opções correspondeu a implantação de estratégias político-administrativas diferentes, as quais, por sua vez, conectavam-se a correntes políticas que marcariam a *cultura política* nacional e local. Estamos nos referindo ao lacerdismo e ao chaguismo, termos relacionados aos ex-governadores Carlos Lacerda e Chagas Freitas, respectivamente, que fizeram da Guanabara um laboratório de experimentos políticos apoiados nessa dualidade de estado-capital. Para o primeiro, Lacerda, a capitalidade era um trunfo na corrida rumo à Presidência da República; para o outro, o governo da Guanabara era o apogeu de sua carreira política.

O PRESIDENTE JK DESCE PELA ÚLTIMA VEZ A ESCADA DO PALÁCIO DO CATETE RUMO A BRASÍLIA, NOVA CAPITAL FEDERAL. 20 DE ABRIL DE 1960. ARQUIVO NACIONAL.

PÁGINA 22: CAPA DA EDIÇÃO ESPECIAL DA REVISTA *O CRUZEIRO* SOBRE A INAUGURAÇÃO DE BRASÍLIA. 7 DE MAIO DE 1960. BIBLIOTECA NACIONAL.

UMA NOVA ESTRELA NA BANDEIRA: GUANABARA, 1960

Depois de acirrados debates na Câmara dos Deputados, nos primeiros meses de 1960, foi decidido o futuro da cidade do Rio de Janeiro, até então Distrito Federal, depois da transferência da capital para Brasília. A falta de consenso entre as principais lideranças políticas resultou na manutenção das disposições da Constituição de 1946, que previa sua passagem a estado da Guanabara. A regulamentação do novo estado federado, votada a toque de caixa, dada a urgência da transferência da capital, a ser realizada no dia 21 de abril, foi feita pela Lei nº 3.752, de 12 de abril, conhecida como Lei San Tiago Dantas, em "homenagem" ao deputado do Partido Trabalhista Brasileiro (PTB) mineiro que apresentou um substitutivo anexando vários projetos anteriores sobre a criação da Guanabara. A eleição do governador para um mandato de cinco anos, bem como da Assembleia Constituinte, estava prevista para 3 de outubro de 1960, junto com as eleições presidenciais. De abril a dezembro, o Executivo estadual seria ocupado por um governador provisório, nomeado pelo presidente da República, com a prévia aprovação do Senado. Para o cargo, JK indicou o embaixador Sette Câmara, chefe da Casa Civil e homem de sua inteira confiança.[4]

Nesse mesmo período, o Legislativo continuaria a ser exercido pela Câmara de Vereadores do DF, eleita em 1958, que passaria a ter competência para julgar os vetos do governador provisório. A Constituinte, composta de trinta membros, teria quatro meses (de dezembro a março de 1961) para elaborar a Constituição do novo estado. Sua organização político-administrativa – seria uma cidade-estado ou um estado federado como outro qualquer? –, tema mais polêmico dos debates constituintes, acabou definida por um plebiscito realizado a 21 de abril de 1963. Por decisão do eleitorado, a Guanabara passou a ser uma cidade-estado sem municípios: o Executivo era exercido pelo governador eleito, e o Legislativo estadual, pela Assembleia Legislativa.

A Guanabara era a área de mais elevada concentração demográfica do país; em seu território de 1.356 km² vivia uma população de 3.306.163 habitantes. A densidade econômica era igualmente expressiva, já que ocupava o segundo lugar no *ranking* dos estados da federação, vindo atrás apenas de São Paulo. Esta densidade refletia-se na renda *per capita* do estado, a mais alta do país, quase o triplo da média nacional.

4 | Sobre os meandros da aprovação do projeto de formação da Guanabara, ver Marly Motta, *Rio de Janeiro: de cidade-capital a estado da Guanabara*, cap. 2.

AO LADO:

BRASÃO DA CIDADE NA AMURADA DO MONUMENTO À ABERTURA DOS PORTOS. FOTOGRAFIA DE JAIME ACIOLI.

ELEIÇÕES DE 1960, PROPAGANDA DE LACERDA NA RUA. ARQUIVO NACIONAL.

PÁGINA AO LADO: CRIAÇÃO DO ESTADO DA GUANABARA. SETTE CÂMARA APERTANDO MÃO DE CARLOS LACERDA. ARQUIVO GERAL DA CIDADE DO RIO DE JANEIRO.

No entanto, alguns dados sobre a posição da Guanabara na economia brasileira do início dos anos 1960 já revelavam uma perda de substância econômica do estado recém-criado: sua indústria perdera espaço no quadro da produção industrial brasileira, bem como caíra sua participação na renda nacional. Apesar disto, o parque industrial carioca era o segundo do país, e a indústria apresentava, individualmente, a maior taxa de participação na renda interna do estado. Contudo, os dados sobre este setor mostram um claro predomínio dos ramos mais tradicionais, principalmente aqueles ligados aos bens de consumo direto, como produtos alimentares, têxteis, vestuário e calçados.

A Guanabara, no entanto, se caracterizava como unidade tipicamente voltada para o setor terciário. Os diagnósticos eram unânimes em apontar a tradição de capital federal como principal aspecto conformador dessa forte estrutura terciária. A marcada presença do setor governo na economia carioca, atrás apenas da indústria e do comércio, era outra herança da capital. Comércio, turismo e intermediários financeiros eram os outros três setores em que a Guanabara tinha expressão importante, no plano nacional. No contexto dos portos brasileiros, incluindo os fluxos de mercadorias no comércio de longo curso e no de cabotagem, o Rio de Janeiro ocupava então o segundo lugar, atrás apenas de Santos.

Tradicional produtor e divulgador de padrões de gosto, hábitos e costumes da moda, o Rio de Janeiro possuía uma sólida estrutura de bens culturais, representada por teatros, cinemas, museus, bibliotecas que, ao lado das suas também tradicionais belezas naturais, significavam poderosa fonte de renda para a cidade, maior centro turístico do país. Isso sem falar na sólida rede de instituições educacionais, representada por universidades, centros e institutos de pesquisa. A Guanabara era ainda o principal centro financeiro nacional, já que não só abrigava a mais importante bolsa de valores do país, como também era o *locus* do sistema financeiro oficial, abrangendo instituições como Banco do Brasil, Instituto de Resseguros do Brasil (IRB), Banco Nacional de Desenvolvimento Econômico (BNDE), institutos de previdência, entre outros.[5]

A eleição de 1960 para o governo da Guanabara foi uma das mais disputadas do país. O candidato do partido de oposição, a União Democrática Nacional (UDN), Carlos Lacerda, chegou à frente de Sergio Magalhães, da coligação entre o PTB e o Partido Socialista Brasileiro (PSB), por uma diferença de apenas 23 mil votos, ou 2,3% do eleitorado de 1 milhão de votantes.[6]

5 | Para um balanço sobre a Guanabara antes da posse de seu primeiro governador, ver *Guanabara (estado), subsídios para análise e planejamento da ação administrativa*, Rio de Janeiro: Departamento de Imprensa Nacional, 1960.

6 | Sobre a eleição para o primeiro governador da Guanabara, ver Marly Motta, *Rio de Janeiro: de cidade-capital a estado da Guanabara*, cap. 3.

CARLOS LACERDA: DE DEMOLIDOR DE PRESIDENTES A CONSTRUTOR DE ESTADOS

Oriundo de uma família de políticos fluminenses, Carlos Lacerda (1914-1977) pertenceu a uma geração cuja atuação política foi balizada pelo intenso debate ideológico que, no Brasil das décadas de 1930 e 1940, teve Getúlio Vargas como figura central. Militante esquerdista na juventude, ele abandonou o comunismo, mantendo no entanto aguerrida postura contrária à liderança do presidente Vargas, a qual o acompanharia ao longo de toda a sua trajetória política.

Quando foi eleito, em outubro de 1960, para ocupar o cargo de primeiro governante escolhido por voto direto pelos cariocas, Lacerda tinha uma carreira de jornalista – era dono da *Tribuna da Imprensa* – e parlamentar pela UDN-DF: vereador (1947-1948) e deputado federal (1955-1960). Na Câmara dos Deputados, foi tribuno implacável, temido pelos rivais e adorado pelos seguidores. Como poucos, soube utilizar os meios de comunicação – primeiro o rádio, depois a televisão – para conquistar eleitores. Esse estilo, comparado a uma "metralhadora giratória", acabaria colocando Lacerda no

CARLOS LACERDA EM 1959 DISCURSANDO NA RÁDIO TUPI. AGÊNCIA O GLOBO.

centro de um dos mais tensos episódios da história republicana brasileira: o suicídio do então presidente Vargas, em 24 de agosto de 1954. Acusado de ser o "assassino" de Vargas, Lacerda carregaria essa pecha ao longo da vida. E mesmo depois dela. De Emil Farhat, veterano de campanhas políticas e então executivo da firma de publicidade McCann Erickson, receberia o segredo do sucesso: "Você não é mais candidato à Câmara Municipal. Largue o bordão. Pegue um tijolo e diga 'vou construir'."[7]

7| Para uma biografia detalhada de Lacerda, ver entre outros, John W. Foster Dulles, *Carlos Lacerda: a vida de um lutador (1914-1960)*, vol. 1, Rio de Janeiro: Nova Fronteira, 1992; e *Carlos Lacerda: a vida de um lutador (1960-1977)*, vol. 2, Rio de Janeiro: Nova Fronteira, 2000.

O ESTADO BOSSA NOVA: A MÁQUINA E AS METAS

Pela composição de seu povo, soma de todos os povos do Brasil; pela sua vocação atlântica, que lhe dá um sentido universal da política*, que lhe aguça a sensibilidade* sem lhe particularizar paixões provincianas*; pelas suas* tradições de antiga capital*, ainda não substituída pela aglomeração de prédios na qual, contrafeitos, acampam os três poderes da República; pela* novidade impetuosa *de sua ascensão à categoria de estado federado, a unidade que nos incumbe governar estará em condições de cumprir os seus deveres para com a generosa pátria comum que nos abriga.*[8]

8| Discurso de posse de Carlos Lacerda, apud Guita Grin Debert, *Ideologia e populismo: A. de Barros, M. Arraes, C. Lacerda, L. Brizola*, São Paulo: T. A. Queiroz, 1979, p. 186, grifos nossos.

O discurso de posse de Lacerda tem uma mensagem clara: longe de partir do zero, a formação da Guanabara possuía um sólido pilar em suas "tradições de antiga capital", que lhe davam um "sentido universal da política", e de onde estavam ausentes as "paixões provincianas". Ou seja, a capitalidade da Guanabara era indiscutível diante da simples "aglomeração de prédios" que caracterizava Brasília. Ao mesmo tempo, contudo, era chegada a hora de "formar o estado", como prometera o governador eleito ao longo de sua campanha, já que "a situação institucional e jurídica do Rio de Janeiro ainda não estava definida com exatidão".[9]

Não por acaso, o investimento inicial do governo Lacerda foi dirigido a essa "novidade impetuosa", ou seja, à transformação da ex-capital em estado federado. O ponto crucial, tal como destacado em editorial do *Jornal do Brasil*, seria articular as demandas com os interesses da política local, e, ao mesmo tempo, tocar o relacionamento com o governo federal, sem o qual seria impossível garantir as bases da transição político-institucional do antigo DF para o novo estado da Guanabara.[10]

As primeiras iniciativas de Lacerda indicaram, de certo modo, a trajetória político-administrativa que iria seguir nos dois anos seguintes – 1961 e 1962 – com vistas à efetiva estadualização da Guanabara. Na administração, investiu na personalização do governo, chamando a si a responsabilidade das decisões e fazendo-se presente no contato direto com a população, procurando, como declarou à *Tribuna da Imprensa*, "não se isolar nos gabinetes".[11]

Este forte viés personalista do governador foi reforçado pela escolha de um secretariado "impessoal", que não contava com nenhum nome de relevo na política: Mário Lorenzo Fernandez, ex-diretor do Banco da Prefeitura (Finanças); Carlos Flexa Ribeiro, proprietário do Colégio Andrews (Educação); Helio Beltrão, filho do deputado udenista Heitor Beltrão e quadro técnico da administração federal (Interior); Luiz Carlos Mancini, técnico administrativo da antiga Prefeitura (Administração); José Cândido Moreira de Souza, empresário (Agricultura, Indústria e Comércio); Marcelo Garcia, médico (Saúde e Assistência Social) e Alcides Laviola, engenheiro (Viação e Obras Públicas). Para a área de segurança, que deveria se transformar em secretaria, foi indicado o coronel Sizeno Sarmento.

As primeiras medidas concretas no campo administrativo começaram a se efetivar a partir de meados de 1961. Logo no início de junho, foi inaugurada a primeira Região Administrativa (RA), a de Campo Grande, para cuja direção foi indicado o médico

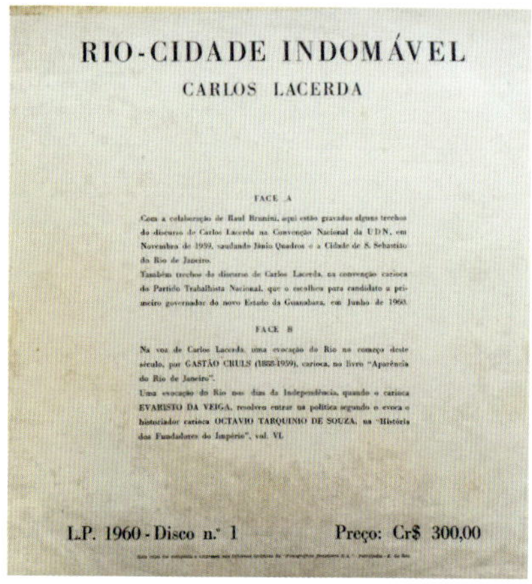
RIO-CIDADE INDOMÁVEL

CARLOS LACERDA

FACE A

Com a colaboração de Raul Brunini, aqui estão gravados alguns trechos do discurso de Carlos Lacerda na Convenção Nacional da UDN, em Novembro de 1959, saudando Jânio Quadros e a Cidade de S. Sebastião do Rio de Janeiro.

Também trechos do discurso de Carlos Lacerda, na convenção carioca do Partido Trabalhista Nacional, que o escolheu para candidato a primeiro governador do novo Estado da Guanabara, em Junho de 1960.

FACE B

Na voz de Carlos Lacerda, uma evocação do Rio no começo deste século, por GASTÃO CRULS (1888-1959), carioca, no livro "Aparência do Rio de Janeiro".

Uma evocação do Rio nos dias da Independência, quando o carioca EVARISTO DA VEIGA, resolveu entrar na política segundo o evoca o historiador carioca OCTAVIO TARQUINIO DE SOUZA, na "História dos Fundadores do Império", vol. VI.

L.P. 1960 - Disco n.º 1 Preço: Cr$ 300,00

LP RIO – CIDADE INDOMÁVEL. GRAVAÇÃO DE DISCURSOS DE CARLOS LACERDA. 1960. MUSEU DA IMAGEM E DO SOM DO RIO DE JANEIRO.

9 | Discurso de Carlos Lacerda na cerimônia de transmissão de cargo, apud Guita Grin Debert, op. cit., p. 186.

10 | Editorial, "Percalços do governo do estado", *Jornal do Brasil*, 16 nov 1960.

11 | *Tribuna da Imprensa*, 16 dez 1960.

Romeu Honório Loures, diretor do Hospital Rocha Faria, onde clinicava havia mais de dez anos. O início da experiência das regiões administrativas pelo "sertão carioca" não foi aleatório, já que, nessa região, dona do maior contingente eleitoral do estado, Lacerda sofrera sua maior derrota, e, em termos políticos, era estratégico tornar visível sua administração justamente na área que mais rejeição demonstrara ao seu nome. Sem perder de vista o componente político, é preciso ressaltar o aspecto especificamente administrativo das RAs, que passaram a abrigar diversos órgãos da administração estadual, como coletorias de impostos, distritos educacionais, distritos de edificações, entre outros. A ideia era desconcentrar o serviço público, possibilitando aos moradores seu acesso no próprio bairro ou no mais próximo. Em 1963, já havia 21 regiões administrativas.

Reordenar a máquina administrativa herdada do DF era outro quesito fundamental para a estadualização da Guanabara. Aprovada em dezembro de 1962 pela Assembleia Legislativa, a reforma administrativa então proposta buscava dar à Guanabara uma "cara de estado". O primeiro escalão, a chamada "administração centralizada", passou a se compor de treze secretarias: às sete já existentes – Administração, Economia, Governo, Educação e Cultura, Finanças, Obras Públicas e Saúde – juntaram-se Justiça, Segurança Pública, Serviços Públicos, Serviços Sociais, Sem Pasta e Turismo.

O segundo escalão, ou "administração descentralizada", foi integrado por duas classes de órgãos: 1) aqueles que não possuíam personalidade jurídica, e cuja autonomia era relativa (Superintendência de Transportes e Comunicações, Escola de Serviço Público, Theatro Municipal, entre outros); 2) aqueles que possuíam personalidade jurídica própria: a) autarquias, como Superintendência de Urbanização e Saneamento (Sursan), Departamento de Estradas de Rodagem (DER), Superintendência de Serviços Médicos (Suseme), para citar as mais importantes; b) as empresas do estado, como Banco do Estado da Guanabara (BEG), Companhia de Progresso do Estado da Guanabara (Copeg), Companhia Estadual de Telefone (Cetel), Companhia de Habitação (Cohab), Companhia de Transportes Coletivos (CTC), entre outras.

Simultaneamente à estruturação da máquina administrativa estadual, Lacerda se empenhou na implantação de seu "plano de metas", para usar uma expressão em voga na época. Três dessas metas podem ser identificadas como aquelas que não só mereceram especial atenção do governador, como também são as que até hoje lhe dão um

APÓLICE DO ESTADO DA GUANABARA, SÉRIE D. EMITIDA EM 1961. COLEÇÃO PARTICULAR, RIO DE JANEIRO.

lugar especial na memória política carioca: 1) ampliação do sistema escolar; 2) abastecimento de água; 3) ordenação do espaço urbano.

Para cumprir esse ambicioso programa de governo, Lacerda teria de se valer de um expressivo suporte financeiro. Segundo dados oficiais, de 1961 para 1962, o orçamento estadual quase dobrou de tamanho, ao mesmo tempo que o déficit sofria expressiva redução. Esse salto da receita estadual refletiu, sem dúvida, uma característica particular da composição tributária da Guanabara que a distinguia dos demais estados: para os cofres do Tesouro estadual convergiam tanto os tributos estaduais quanto os municipais.

Duas outras fontes podiam abastecer o manancial de recursos indispensáveis para tirar do papel as metas de Lacerda: as verbas federais e os empréstimos externos. Consideradas "dívidas" da União com a Guanabara, a liberação destas verbas dependia, sobretudo, de um bom relacionamento entre as duas instâncias federativas. Vale lembrar que à frente do governo federal encontrava-se, desde setembro de 1961, o petebista João Goulart, adversário político de Lacerda; em que pese uma provável discriminação política na concessão de financiamentos à Guanabara, o governo federal já era obrigado pela Lei San Tiago Dantas a sustentar boa parte da máquina pública que funcionava no estado. Por outro lado, o acirrado anticomunismo de Lacerda favoreceu muito o acesso aos empréstimos externos das agências internacionais de financiamento, em geral controladas pelos Estados Unidos. A ascensão do "esquerdista" João Goulart à Presidência da República reforçou a posição do governador carioca como recebedor de financiamentos concedidos pelos norte-americanos. Apesar do expressivo volume de recursos externos investidos, a Guanabara enfrentaria o grosso das despesas de 1961 e 1962 com receita gerada no próprio estado.[12]

REMOÇÃO DE MORADORES DO MORRO DO PASMADO. 1964. ARQUIVO NACIONAL.

12 | Estado da Guanabara, *Mensagem à Assembleia Legislativa: programa de governo para 1963*, 1962.

Um dos elementos centrais da formação da Guanabara foi a profunda intervenção operada em seu espaço urbano, em especial a remoção das favelas da Zona Sul e a construção de conjuntos habitacionais nos subúrbios da então chamada Zona Rural. O modelo aqui adotado obedeceu, em larga medida, à tendência mundial de planejamento urbano, seguida igualmente por países capitalistas e socialistas. Em termos gerais, previa-se a transferência das atividades industriais para a periferia das grandes cidades, onde seriam construídos grandes conjuntos de apartamentos para abrigar os trabalhadores e suas famílias.

Logo no primeiro ano de governo, Lacerda propôs o estabelecimento de duas zonas industriais: uma na avenida das Bandeiras (atual avenida Brasil), outra em Santa Cruz, onde deveriam

REMOÇÃO DA COMUNIDADE DO PASMADO.
14 DE JANEIRO DE 1964. AGÊNCIA O GLOBO.

se instalar indústrias pesadas, como a Companhia Siderúrgica da Guanabara. Aos interessados em se estabelecer nas zonas industriais, prometiam-se, além de incentivos fiscais, facilidades para a aquisição de terrenos e instalação de infraestrutura básica, um fator de produção essencial: a mão de obra.

Não era nova a ideia de deslocar as populações faveladas cariocas para moradias próximas às zonas industriais. No caso específico da Guanabara, a questão possuía algumas variáveis bastante complexas. Em primeiro lugar, muitas favelas localizavam-se no coração da Zona Sul, área mais valorizada de uma cidade espremida entre o mar e montanha, cuja desocupação interessava sobremaneira ao capital imobiliário, que aí via oportunidades de investimento altamente lucrativo. Além do mais, acabar com as favelas significava construir, em larga escala, conjuntos habitacionais para atender a uma população estimada em mais de 300 mil pessoas, empreendimento que poderia reativar esse setor da economia responsável pela criação de milhares de empregos.

Se a especulação imobiliária que acompanhou o ritmo de crescimento urbano teve um papel importante no programa de remoção de favelas, os "interesses da cidade" também exerceram uma forte pressão. Apresentadas pela imprensa como aglomerados que "atrapalhavam" o cotidiano da vizinhança de classe média, e cuja permanência era incompatível com a evolução da cidade, as favelas deveriam ser erradicadas em nome dos "interesses de utilidade pública".

Já para os favelados, a remoção representaria o afastamento da vizinhança e do emprego: a perspectiva de morar em subúrbios distantes e de trabalhar em fábricas assustava os moradores da favela. Consumidora de serviços, a Zona Sul oferecia oportunidades de trabalho para uma mão de obra de qualificação diferenciada, de porteiros a domésticos, de comerciários a pedreiros. Por outro lado, a promessa de desfrutar de infraestrutura básica (água, esgoto, luz, calçamento), combinada à possibilidade de ter casa própria, exercia um forte poder de atração sobre eles. Esse projeto de remodelação urbana demandava, por isso mesmo, uma profunda mudança no sistema viário, que se materializou na abertura de túneis e construção de viadutos. Ligando as zonas Norte-Centro-Sul, os túneis Santa Bárbara e Rebouças viriam a constituir eixos de mobilidade entre as diferentes regiões do estado.

Se a capacidade do governador-administrador de montar a máquina administrativa foi colocada à prova, restava agora o governador-político revelar-se competente na formação de uma estrutura política estadual capaz de substituir aquela existente no antigo DF. Talvez seja interessante refletir sobre as semelhanças e diferenças que aproximavam e separavam, ao mesmo tempo, essas duas estruturas políticas. Quanto às diferenças, destacam-se especialmente as possibilidades diferenciadas que prefeitos e governadores possuíam de organizar a política local.

Os prefeitos tiveram sérias limitações para montar uma máquina política estável, representadas pela indefinição do tempo que permaneceriam no cargo, pela escassa margem de interferência na indicação do sucessor e pela presença do Senado no julgamento de seus vetos. Tudo isso junto impedia o acúmulo de um cacife forte o suficiente para transformá-los na principal referência do pesado jogo político carioca. Já um governador eleito, como Lacerda, não sofria tais limitações e, por isso mesmo, usufruía de instrumentos políticos capazes de aglutinar uma importante base de apoio político. No entanto, embora tivesse perdido o direito de indicar o chefe do Executivo local, o governo federal ainda desfrutava de uma sólida influência política na ex-capital, representada sobretudo pelo controle sobre a enorme máquina político-administrativa que mantinha no Rio de Janeiro.

Em decorrência disso, o rompimento de Lacerda com o presidente Jânio Quadros complicou a já difícil tarefa de construir uma máquina política no estado. O governador carioca esteve no centro da grave crise política vivida pelo país entre agosto e setembro de 1961. Primeiro, teria provocado a renúncia de Jânio, acusando-o de tramar um "golpe contra as instituições democráticas". Depois, tentaria articular a resistência militar à posse do vice-presidente João Goulart. Ameaçado de *impeachment*, sob a acusação de ter agido "fora dos padrões democráticos" durante a crise política, Lacerda reagiu

REPRESSÃO POLICIAL AO MOVIMENTO ESTUDANTIL NO DIA DA MISSA DO ESTUDANTE EDSON LUÍS. CANDELÁRIA, 1968. FOTOGRAFIA DE EVANDRO TEIXEIRA, ACERVO DO FOTÓGRAFO.

jornais mais populares do Rio de Janeiro. Orador sem brilho, pouco à vontade nos palanques e filiado ao Partido Social Progressista (PSP), partido de segunda linha no quadro político carioca, Chagas Freitas conquistou seu primeiro mandato de deputado federal em outubro de 1954. A ele se seguiram os conquistados em 1958, 1962 (pelo PSD) e 1966, este último já no MDB.

Percebendo o comportamento do eleitorado local diante do Fla--Flu partidário, e acreditando na sustentação que o governo Castello Branco dera à presença de uma oposição dentro dos limites do regime autoritário, Chagas Freitas ingressou no MDB. Movimentando-se sem o possível incômodo que poderia ser causado pela entrada de Negrão no partido, e detentor de um sólido capital político, graças à rede de apoios locais e à máquina de propaganda de seus jornais, não encontrou graves obstáculos para "empalmar" o MDB da Guanabara. De fato, os resultados eleitorais de 1966 garantiram uma estrondosa vitória a este partido na composição das bancadas federais no Congresso e na Assembleia Legislativa do Estado da Guanabara (Aleg). Mais expressiva, no entanto, foi a eleição de Chagas Freitas, o deputado emedebista mais votado do país, com cerca de 18% dos votos válidos para a Câmara dos Deputados.

Esta ampla vitória do MDB chaguista inviabilizou qualquer projeto de Negrão para constituir uma liderança política na Guanabara. Primeiro, porque já estava praticamente definido que a eleição do próximo governador não passaria por ele, e sim por Chagas Freitas, que controlava a maior parte do Legislativo estadual (quarenta deputados entre 55 eleitos) e da bancada federal (quinze deputados entre 21 eleitos). Mais importante, porém, era a dependência que Negrão de Lima passaria a ter desse bloco chaguista para a aprovação de seus projetos de governo.

A fragilidade política de Negrão de Lima foi acentuada por uma conjuntura marcada por manifestações estudantis contra a ditadura militar, as quais, iniciadas em 1967, tiveram seu auge em 1968. Foi na Guanabara que ocorreram, no final de março, a morte e o cortejo fúnebre do estudante Edson Luiz, que reuniu cerca de 60 mil pessoas na maior manifestação de massas vista pelo país desde o Golpe de 1964. A partir de então, a mobilização estudantil passou a ocupar as ruas, em um crescendo que alcançou o auge na célebre Passeata dos Cem Mil, em 26 de junho.

Daí até a edição do AI-5,[25] em dezembro, várias manifestações se sucederam na Guanabara, sempre reprimidas violentamente pela Polícia Militar. Negrão, em maior grau que os demais governadores, viu seu poder reduzido de forma radical com a prática de subordinar a Secretaria de Segurança Pública à autoridade militar da área. Os secretários de Segurança da Guanabara foram os generais Dario Coelho – demitido em abril de 1968, em função do episódio da morte de Edson Luiz – e Luiz de França Oliveira.

Outro fator que indica o crescente enfraquecimento do poder político do governador da Guanabara relaciona-se a um duplo processo: o esvaziamento das funções de capital de fato até então exercidas pelo estado e a transferência dessa capitalidade para Brasília. Não por acaso, a partir de 1969, durante a Presidência do general Emílio Garrastazu Médici, os principais órgãos decisórios, ainda sediados na Guanabara, foram transferidos para Brasília, que passou a exibir alguns marcos simbólicos representativos do poder central. O chamado "Forte Apache", edifício que abriga o Quartel-General do Exército e onde se costumava reunir o alto comando desta força para decidir os rumos do país, pode ser considerado um dos espaços mais significativos da capitalidade, de direito e de fato, a partir de então atribuída a Brasília.

ESTÁTUA DE CARLOS GOMES COM FAIXA CONTRA A DITADURA. CINELÂNDIA, 1968. ARQUIVO GERAL DA CIDADE DO RIO DE JANEIRO.

AO LADO:

JOGADORES DA SELEÇÃO BRASILEIRA DE FUTEBOL SÃO RECEPCIONADOS PELA MULTIDÃO APÓS A VITÓRIA NA COPA DE 1970. ARQUIVO NACIONAL.

TAÇA JULES RIMET.

25 | O Ato Institucional nº 5, editado em 13 de dezembro de 1968, deu sequência a uma série de atos institucionais impostos pela ditadura civil-militar desde abril de 1964. No caso do AI-5, como ficou conhecido, o objetivo era pôr fim a diversas manifestações de rua que se estenderam ao longo do ano, bem como restringir atitudes de parlamentares que buscavam maior autonomia diante do crescente poder do Executivo.

Dessa maneira, o processo de formação da Guanabara acabaria se dando no pior dos dois mundos. Por um lado, o estado perderia gradualmente o lugar de "cabeça do país", já que Negrão não dispunha da mesma força política polarizadora, no nível nacional, de seu antecessor, Carlos Lacerda. Por isso mesmo, não teria como se contrapor ao projeto do regime militar de transformar Brasília em "capital de fato". Por outro lado, além de não ter uma base político-partidária minimamente sob controle, como teria seu sucessor, Chagas Freitas, Negrão não possuía autonomia político-administrativa para conceber e implantar um projeto de estadualização da Guanabara.

A redução da autonomia administrativa não atingiu apenas o governo Negrão. A nova Constituição, promulgada em 24 de janeiro de 1967, ao conferir ao Executivo nacional o poder exclusivo de legislar em matéria de segurança nacional, finanças (orçamento) e administração, reforçou a tendência à centralização das decisões nas mãos do governo federal, em detrimento dos poderes antes conferidos às entidades subnacionais pela Constituição de 1946.

Um exemplo dessa política centralizadora foi o Decreto-Lei nº 200, de agosto de 1967, que acabou abandonando a meta da descentralização administrativa, em função do recrudescimento do regime militar, a partir de 1969. Afinal, dentro da lógica autoritária, não era aceitável que, em nome da eficiência técnica da administração, o poder central deixasse de controlar todas as instâncias decisórias. Por isso, estados e municípios tiveram de promover um festival de reformas em seus aparelhos burocráticos visando a uniformizá-los com o modelo de administração instituído pelo Decreto-Lei nº 200.

Um segundo ponto da intervenção federal foi a política habitacional, que, no caso da Guanabara, conjugou-se a uma acelerada prática de remoção das favelas, principalmente a partir de 1966, quando ocorreu na Guanabara, em janeiro, uma série de enchentes que provocou graves danos ao estado, inclusive com a perda de muitas vidas. Eleito com a promessa de interromper o programa de remoção de favelas instituído por Lacerda, Negrão foi constrangido a retomá-lo, por pressões oriundas de setores sociais e econômicos da Guanabara, mas sobretudo do governo militar, a partir da criação do Banco Nacional da Habitação (BNH), em 1964, e, sobretudo, da Coordenação de Habitação de Interesse Social da Área Metropolitana (Chisam), em 1968.

Vinculada ao Ministério do Interior (assim como o BNH), a Chisam assumiu o controle direto de vários órgãos do governo da Guanabara, com o objetivo evidente de assegurar que a política para as favelas no estado e em sua região metropolitana ficasse sob controle do governo federal. Perguntado pelo *Jornal do Brasil* (10 maio 1968) se essa atitude representaria uma intervenção federal na Guanabara, Negrão de Lima se limitou a dizer que era "uma soma de esforços". E completou: "Falta de terrenos retardou fim das favelas." A ideia vendida era de que havia se chegado, enfim, a "uma solução correta" para o problema.

Cabe portanto retomar a questão inicial: teria sido Negrão de Lima um "prefeitão" da Guanabara? Talvez a resposta esteja em uma série de artigos, sugestivamente intitulada "A Guanabara na hora da opção", publicada no *Jornal do Brasil* a partir de 4 de outubro de 1970, dia seguinte à eleição indireta de Chagas Freitas como terceiro e último governador do estado. Logo no primeiro deles, dizia-se com todas as letras que, nos seus dez anos de vida, a Guanabara não tivera governadores capazes de caracterizá-la como "estado", uma vez que haviam se transformado em "meros prefeitos". E concluía: "A Guanabara precisa ter um governador que a caracterize como estado, e determine suas reais vocações."[26]

26 | "A Guanabara na hora da opção (I): dez anos de estado não salvam a economia do Rio", *Jornal do Brasil*, 4-5 out 1970.

CHAGAS FREITAS RECEBE MEMBROS DO SIMPÓSIO DO TEATRO, PALÁCIO GUANABARA. 10 DE JUNHO DE 1972. ARQUIVO PÚBLICO DO ESTADO DO RIO DE JANEIRO.

CHAGAS FREITAS E A ESTADUALIZAÇÃO DA GUANABARA

O MDB é majoritário [na Guanabara], e lhe toca, por princípio e justiça política, fazer o novo governador.[27]

Existe uma tradição firmada na historiografia política de que foi consensual a indicação de Chagas Freitas para o governo da Guanabara, como se ele fosse o único nome capaz de conduzir com tranquilidade a sucessão de Negrão de Lima.[28] No entanto, uma análise mais atenta do noticiário da época fornece inúmeras pistas de como foi complicado e tenso o processo político que acabou desembocando em sua eleição pela Aleg em 3 de outubro de 1970. No início daquele ano, os obstáculos eram variados, a começar pela possibilidade bastante concreta de interferência do presidente da República, general Garrastazu Médici, na sucessão carioca. No dia 1º de janeiro de 1970, o jornal *O Dia*, de propriedade de Chagas Freitas, estampou na primeira página a manchete: "Médici não deu ordem para impor governador à Guanabara", desmentindo supostas intenções do governo federal de forçar a eleição de um governador da Arena, partido da ditadura, mas minoritário no estado.

27 | *Jornal do Brasil*, 11 mar 1970.

28 | Ver Eli Diniz, "Máquinas políticas e oposição: o MDB no Rio de Janeiro", *Dados*, Rio de Janeiro, 3 (23), 1980, p. 354.

A DIFÍCIL NEGOCIAÇÃO RUMO AO GUANABARA

A possibilidade de um nome da Arena ocupar o Palácio Guanabara estava relacionada ao velho projeto de fusão da Guanabara com o estado do Rio de Janeiro. Tradicionalmente sugeridas em momentos de impasse na política carioca e fluminense – como no caso da transferência da capital para Brasília, por exemplo[29] –, as propostas de fusão que vieram à baila no início de 1970 se sustentavam em duas ideias motrizes: a de extração política visava a impedir a oposição de chegar ao governo do estado que ainda era o principal centro político do país; a de caráter econômico propagava a necessidade de conter o alegado esvaziamento da Guanabara.

No início de fevereiro, com o apoio explícito da Federação das Indústrias da Guanabara (Fiega), o deputado Gama Lima, da bancada federal da Arena, apresentou um anteprojeto de lei complementar prevendo a fusão para o próximo mês de abril, com a supressão dos mandatos dos governadores carioca e fluminense e a nomeação de interventores. O renovado desmentido do presidente da República, de que iria nomear interventores e baixar um ato institucional para efetivar a fusão dos dois estados, enterrou essas propostas.[30]

Um segundo ponto sempre presente no aceso debate sobre a sucessão de Negrão de Lima foi a estadualização da Guanabara. Antiga capital federal, a cidade-estado não conseguira, na avaliação de muitos, transformar-se em um estado de fato. É fácil, pois, compreender o forte apelo, veiculado sobretudo pela imprensa, de que o principal problema a ser então enfrentado era o da efetiva transformação da Guanabara em "unidade autônoma da federação". Para alguns, este processo implicava determinado perfil para o próximo governador do estado, que deveria ser mais um administrador que um político. Ou seja, alguém que se voltasse, acima de tudo, para os problemas administrativos, deixando o "mero jogo político" em segundo plano.

O nome de Eduardo Portela Neto, então secretário de Governo de Negrão, despontou como uma possibilidade que satisfazia a determinados interesses e correntes político-partidárias. Em primeiro lugar, sua candidatura marcaria a tentativa do governador Negrão de Lima de entrar no MDB e competir com Chagas Freitas pelo controle do partido. Por outro lado, o perfil de Portela, de "técnico-administrador", poderia esvaziar o conteúdo político que representaria a ocupação do governo carioca pelo partido de oposição ao regime militar.

29 | Marly Motta, "'Que será do Rio?': refletindo sobre a identidade política da cidade do Rio de Janeiro", *Tempo*, Rio de Janeiro, 2 (4), 1997, p.146-74.

30 | Negrão de Lima. "Médici não vai interferir na sucessão carioca", *O Dia*, 7 mar 1970.

CHAGAS FREITAS EM CAMPANHA PARA DEPUTADO. 1966. ARQUIVO GERAL DA CIDADE DO RIO DE JANEIRO.

No entanto, a ideia de respeito às "soluções naturais" nas próximas sucessões estaduais começou a ganhar corpo. Por "soluções naturais" entendia-se a obediência ao preceito da fidelidade partidária; ou seja, seria "naturalmente" eleito governador o candidato do partido majoritário nas respectivas Assembleias estaduais. O encaminhamento do problema sucessório na Guanabara conquistou, portanto, um lugar importante na definição da continuidade das instituições políticas e na consolidação da ordem política nacional depois do longo recesso do Congresso, na sequência do AI-5.

A principal fonte de eliminação das resistências militares ao nome de Chagas Freitas foi o então ministro do Exército, Orlando Geisel, seu amigo de longa data, interessado em colocar a máquina de propaganda dos jornais chaguistas a serviço da divulgação dos "feitos" do governo ditatorial. No entanto, havia um limite para esse apoio: o crescimento, dentro do MDB, do chamado "grupo dos autênticos", defensor de posições mais aguerridas de oposição ao regime, que via com suspeição as posturas "conciliadoras" em relação ao governo Médici do único governador emedebista do país.

Depois de conseguir a homologação de sua candidatura pelo MDB, Chagas Freitas afastou a pretensão de Negrão de indicar como vice seu secretário de Administração, Álvaro Americano, ao fechar qualquer negociação para compor uma chapa que abrisse espaço, no partido, para o grupo do então governador. Ele repetiria a dose em 1973, quando rejeitou o nome de Negrão para uma vaga no MDB-GB com o intuito de, no ano seguinte, candidatar-se ao Senado.

Ele [Chagas Freitas] achava que ser governador era uma glória suprema, nunca cogitou sequer em ser ministro, em ser presidente da República (...). Não era um líder político nacional, não tinha visão da problemática nacional, não sabia o que era inflação, tinha horror de Brasília. [31]

31 | Francisco de Melo Franco, apud Marly Motta, *O chaguismo e a construção do estado da Guanabara*, op. cit, p. 8.

É fácil perceber que o estilo político de Chagas Freitas diferia bastante daquele ostentado por Lacerda. Ao contrário deste, por exemplo, construiu uma máquina político-partidária estável e duradoura, que, embora sob seu comando centralizado, sustentou-se nas ramificações da política local. Por isso mesmo, uma análise mais atenta do chaguismo como corrente política deve levar em conta, sobretudo, o já debatido projeto de estadualização da Guanabara.

Além do reforço das estruturas de poder local, o projeto político de Chagas Freitas para a Guanabara se sustentava no isolamento das esferas política e administrativa, e destinava ao governador o papel de único elo capaz de uni-las. Esse projeto chaguista de estadualização da Guanabara teve seu ponto de partida na montagem do secretariado, em que se misturaram, em doses desiguais, perfil de atuação, relações pessoais, pressões militares e por fim, mas não menos importante, algumas indicações oriundas de membros do próprio governo Chagas. Mais fundamental que a composição do secretariado seria, no entanto, a maneira pela qual este deveria relacionar-se com os interesses político-partidários, ou, melhor dizendo, como e em que medida os secretários atenderiam às demandas políticas.

Se é difícil admitir que a separação entre política e administração era absoluta, não havia como negar que era absoluto o controle que Chagas Freitas exercia sobre o MDB carioca e a Assembleia Legislativa. Nestes dois espaços políticos, ele era um chefe inconteste. A nova Lei Orgânica dos Partidos Políticos, de 21 de julho de 1971, ao dar a qualquer membro do partido o direito de impugnar pedidos de novas filiações, bem como ao enfatizar a fidelidade partidária e o fortalecimento dos diretórios, acabou por estabelecer maior controle vertical sobre os partidos.[32]

32 | Cf. Eli Diniz, *Voto e máquina política: patronagem e clientelismo no Rio de Janeiro*, Rio de Janeiro: Paz e Terra, 1982.

CHAGAS FREITAS, GOVERNADOR, SALTANDO DO HELICÓPTERO COM INSCRIÇÃO GABINETE MILITAR DO ESTADO DA GUANABARA. ARQUIVO GERAL DA CIDADE DO RIO DE JANEIRO.

A renovação da executiva do MDB-GB em 1972 apontou, de fato, para esse crescente controle, com a entrada de uma nova leva de parlamentares que, em larga medida, deviam seu mandato ao governador, principalmente pelo apoio explícito que suas campanhas receberam dos jornais *O Dia* e *A Notícia*. Foram também estreitos os vínculos entre o Executivo e a Aleg. Ao contrário de Carlos Lacerda, que em diversos momentos de seu governo havia enfrentado uma dura oposição, Chagas Freitas garantiu um tranquilo relacionamento com o Poder Legislativo do estado.

Tal fidelidade à orientação do governador não advinha apenas da rígida legislação eleitoral então vigente, que punia com a cassação de mandato o parlamentar que votasse contra a orientação partidária. A aglutinação dos parlamentares emedebistas em torno da chefia de Chagas Freitas foi resultado de um bem-sucedido trabalho de articulação de várias redes de clientela, que, estruturadas em torno de políticos que controlavam suas respectivas áreas de atuação, se teciam sobretudo com os fios da tradição familiar, da política de bairro e da vinculação com grupos religiosos e corporativos.

Uma das mais importantes variáveis para a conquista de uma vaga na Aleg, a força da política do bairro aparecia com nitidez no perfil concentrado de votação ostentado por determinados deputados. A essa base local se associava, em alguns casos, uma forte vinculação com grupos corporativos e/ou religiosos. Formava-se, assim, uma complexa rede clientelista, na qual o deputado, articulando um sistema baseado em uma teia de obrigações recíprocas, se tornava o mediador de moradores de bairros, membros de corporações e grupos religiosos com a máquina governamental. Pode-se, pois, perceber que a montagem do chaguismo não estava ligada apenas aos espaços formais de atuação e de representação política. Ela se deu igualmente nos espaços informais, vale dizer, nos grupos religiosos, nas escolas de samba, nos clubes recreativos e esportivos.[33]

33 | Ibid., cap. IV.

Por meio do uso eficaz dos recursos de poder de que dispunha no Executivo, Chagas Freitas pôde articular essas várias redes e transformá-las no principal motor do que se convencionou chamar de "máquina chaguista". A mecânica do atendimento aos pleitos dos deputados para a realização de obras em seus redutos eleitorais, narrada com detalhes pelo então vice-governador, revela-se uma valiosa pista para desvendar o "segredo" dessa estratégia política:

Era muito importante verificar se nesses pleitos havia choques entre deputados da mesma área, porque às vezes dois ou três deputados pediam a mesma coisa, mas não queriam que aquilo fosse feito sob patrocínio do outro. O que nós tínhamos que fazer nesse caso? Dar uma obra para um, e outra obra para outro, de modo que todos ficassem satisfeitos. (...) Isso redundava em prestígio para os deputados e para o Chagas. A chefia do Chagas estava aí. Não era liderança, era chefia mesmo. [34]

34 | Marly Motta (coord.), *Erasmo Martins Pedro*, Rio de Janeiro: Editora da FGV, 1998, p. 139.

DEPOIS DA ESTADUALIZAÇÃO, A FUSÃO

"A Guanabara também é um estado, além de cidade, e se é sabido que tem vivido muito em função de sua condição de cidade, com base portanto no setor terciário, sabe-se também que ainda não assumiu como devia sua condição de estado, razão pela qual é necessário deflagrar as potencialidades latentes dessa sua outra face." [35]

35 | Estado da Guanabara, *Diretrizes de governo*, Rio de Janeiro: Secretaria de Planejamento, 1971, p. 13.

O GOVERNADOR CHAGAS FREITAS SE DESPEDINDO DOS JOGADORES DA SELEÇÃO BRASILEIRA DE FUTEBOL, AO LADO DE MIRO TEIXEIRA. 16 DE MAIO DE 1974. ARQUIVO PÚBLICO DO ESTADO DO RIO DE JANEIRO.

Foi com base nesse debate que o documento *Diretrizes de governo do estado da Guanabara*, publicado em novembro de 1971 e elaborado pela Secretaria de Planejamento e Coordenação Geral, deixou claro que o governo iria atuar em dupla direção: "no governo da cidade e no governo do estado". Para a cidade, um duplo objetivo deveria ser atingido: de um lado, o aperfeiçoamento da infraestrutura urbana, vale dizer, especialmente, a ampliação dos meios de transporte de massa (em especial o metrô), a extensão do abastecimento de gás e de água, a expansão da iluminação pública; de outro, a preservação do lugar do Rio de Janeiro como o mais importante centro financeiro do Brasil, já que, na condição de "*civitas*, e não apenas *urbs*, gera em sua população espírito aberto e não regional, versátil e comunicativo, nacional e mesmo internacional".[36]

O setor viário, com a abertura de túneis e avenidas e a elevação de viadutos, continuou em alta, embora o evento mais lembrado seja a queda do viaduto Paulo de Frontin, em novembro de 1971, matando 26 pessoas. Houve investimento pesado na Zona Norte, com a construção dos viadutos de Madureira, Mangueira e São Cristóvão, além da duplicação da avenida Radial Oeste, eixo de ligação entre o Centro e a Tijuca, apenas para citar algumas obras.

Já em relação ao "governo do estado", eram três os principais objetivos a serem atingidos: em primeiro lugar, a "modernização da estrutura administrativa" que colocasse a Guanabara em sintonia com a reforma determinada pelo Ministério do Planejamento, pelo Decreto nº 200. A principal transformação então apregoada, e de fato levada a cabo por Chagas Freitas, foi a extinção de autarquias, como a Sursan, e a criação de organismos como a Companhia de Limpeza Urbana (Comlurb),

36 | Ibid., p. 49.

a Companhia Estadual de Água e Esgoto (Cedag), a Companhia Estadual de Gás (CEG), entre outras. Ainda no âmbito da reforma administrativa, era previsto o estabelecimento de "um sistema central de planejamento, orçamento e controle", o que evidenciava o estrito controle que Chagas Freitas mantinha sobre a máquina financeira do estado.

Um segundo objetivo do "governo do estado" era a chamada "ocupação racional do território", que significava, sobretudo, a expansão da Guanabara para a Zona Oeste, a partir da percepção de que havia uma hipertrofia do crescimento das áreas centrais da cidade em detrimento dos grandes espaços do oeste. Elaborado em 1969, ainda no governo Negrão de Lima, o Plano Lucio Costa estabeleceu linhas de ocupação residencial e comercial para a Barra da Tijuca. Igualmente incentivada foi a alocação de zonas industriais em Jacarepaguá e Santa Cruz.

Finalmente, uma das principais metas do governo Chagas Freitas foi a implantação de uma ativa política de desenvolvimento industrial capaz de, ao mesmo tempo, reverter a perda de espaço da indústria carioca no quadro nacional e enfrentar a questão do "esvaziamento" econômico do estado, que gradualmente perdia terreno para São Paulo.

Foi justamente a superação da "ótica municipal" por uma "visão maior", que via e tratava a Guanabara no "horizonte de estado", o aspecto mais enfatizado pelo editorial do *Jornal do Brasil*, durante a comemoração de um ano de governo de Chagas Freitas.

Esta mudança administrativa era imprescindível para a efetivação da política de estado em que a Guanabara entrou há um ano e que, neste e nos próximos exercícios, deverá frutificar em resultados.[37]

A estadualização da Guanabara não frutificou, já que em 1º de julho de 1974, pela Lei Complementar nº 20, foi decretada a fusão dos estados da Guanabara e do Rio de Janeiro. Menos por seu "caráter oposicionista", e mais por uma estratégia político-militar de reordenação do território nacional defendida pelo governo de Ernesto Geisel,[38] a jovem Guanabara foi incorporada ao estado do Rio de Janeiro na condição de município-capital, desbancando a tradicional cidade de Niterói. Tantas vezes proposta, e outras tantas rejeitada, a fusão foi implantada a partir de 15 de março de 1975, com a indicação do almirante Faria Lima como interventor do novo estado.

Passados quarenta anos, vale a pena perguntar se a "saudade da Guanabara" ainda é tão forte quanto em 1989, ano da composição da música com que se abriu o texto. Melhor que uma resposta apressada, talvez seja mais prudente levar em conta as armadilhas da memória, pronta a reconstruir pontes com o passado, atualizar o presente e projetar o futuro.

37 | "Visão maior", *Jornal do Brasil*, 15 mar 1972.

38 | Ver Marly Motta, "A fusão da Guanabara com o Estado do Rio: desafios e desencantos", in Américo Freire et. al. (orgs.), *Um estado em questão: os 25 anos do estado do Rio de Janeiro*, Rio de Janeiro: Editora FGV, 2001.

PLANO PILOTO DE URBANIZAÇÃO E ZONEAMENTO DA BAIXADA DE JACAREPAGUÁ E DA BARRA DA TIJUCA ELABORADO PELO URBANISTA LÚCIO COSTA. 1969. ARQUIVO GERAL DA CIDADE DO RIO DE JANEIRO.

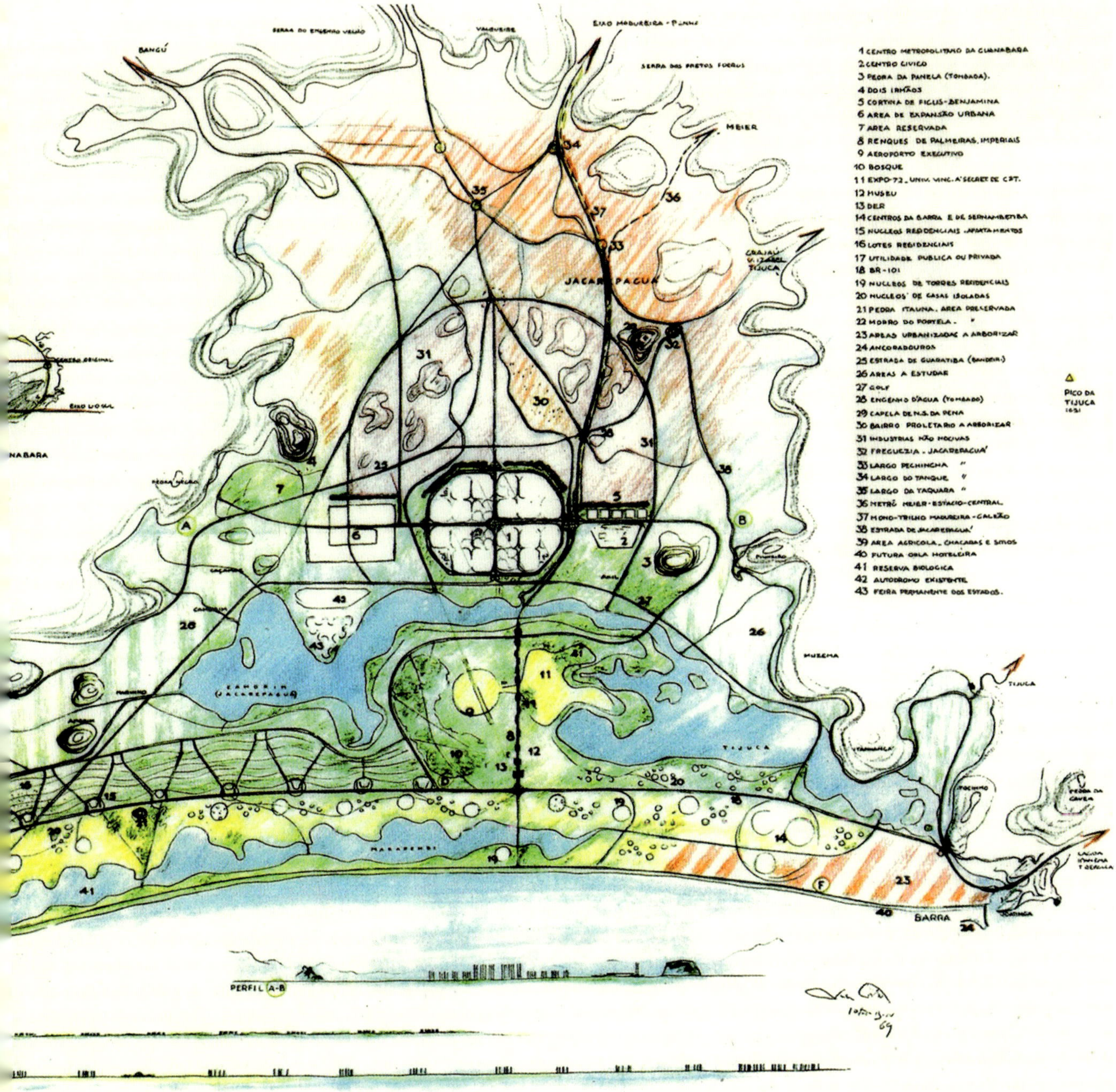

PARTE 2

GUANABARA EM FOCO
O ACERVO DO ARQUIVO PÚBLICO DO ESTADO DO RIO DE JANEIRO

Ana Maria Mauad

Todas as imagens usadas nesta parte do livro têm como fonte o Arquivo Público do Estado do Rio de Janeiro (APERJ).

GOVERNADOR CARLOS LACERDA DANDO ENTREVISTA NAS COMEMORAÇÕES DO DIA DO TRABALHO. 01 DE MAIO DE 1962.

Desde os primeiros tempos depois da invenção da fotografia, a paisagem do Rio de Janeiro povoou as imagens captadas pelas lentes das câmeras fotográficas. Assim, dizem que a cidade se tornou uma das mais retratadas do mundo. O contorno de seus morros agudos, em contraste com a placidez das águas da baía de Guanabara, e a extensão de suas praias e florestas figuraram nas fotos de vistas e panoramas que fizeram a fama da cidade dentro e fora do Brasil. As imagens registravam também as transformações urbanas e arquitetônicas, assim como a diversidade de sua gente e seus costumes, desde o século XIX. Muitos fotógrafos locais também se tornaram conhecidos e valorizados como verdadeiros guardiões da memória urbana. Alguns até atendiam a encomendas oficiais, ou mesmo se tornavam funcionários da municipalidade.

A partir de 1960, a fotografia passou a acompanhar a criação e o desenvolvimento do antigo estado da Guanabara, redefinindo a cidade do Rio de Janeiro como corpo político, depois da transferência da capital para Brasília. Como unidade federativa brasileira, sustentada num único município, o estado firmou seu aparelho administrativo prevendo a existência de um serviço fotográfico próprio, integrante do setor de informação e comunicação social do governo e encarregado de documentar e promover as ações administrativas no plano estadual.

De início atividade de produção de informações da Assessoria de Imprensa do governo Carlos Lacerda, o serviço fotográfico de governo foi reestruturado como parte do Sistema de Relações Públicas, criado em 1966, na gestão de Negrão de Lima, e depois passou a integrar o Sistema de Comunicação Social, na administração de Chagas Freitas, em 1971. Durante esses momentos em que se reconceituava a produção de informações no estado, esse tipo de fotografia tinha como função registrar a rotina governamental, compondo um conjunto variado de fatos em que se incluíam eventos político-administrativos, como inaugurações de obras públicas, recepções a políticos, celebridades e personalidades públicas em geral, adversidades naturais, como enchentes e desabamentos e ações diretas do governo, que promoviam todos os tipos de intervenção pública na Guanabara. Mesmo não constituindo um fator de caráter essencialmente político, o uso de imagens com a função de promover o governo terminava por conferir sentido político à fotografia.

É preciso levar em conta que a época de criação do estado da Guanabara e de seu serviço oficial de fotografia corresponde ao momento de afirmação do uso de imagens na produção de notícias, por meio da prática do fotojornalismo. Os profissionais que atuavam nos jornais diários ganharam destaque na cobertura das notícias, produzindo fotos que sintetizavam os acontecimentos. A partir de então, a fotografia começava a representar mais claramente a cidade como espaço político, destacando a presença e atuação de seus governantes e agentes políticos. O foco das câmeras se deslocava das paisagens exuberantes para o ato político, a mobilização popular, a questão urbana – e para expor ao olhar o jogo de poder.

A foto fazia a diferença, ao construir o fato a partir de seu apelo visual. A consolidação da prática fotográfica de imprensa a serviço do estado da Guanabara abriu caminho, no Rio de Janeiro, para a institucionalização da fotografia de governo, em que profissionais formados nas redações dos jornais diários passavam a contribuir para colocar o poder em foco e a ação do governo em primeiro plano.

Em grande parte das situações retratadas, o governador do estado se destaca como figura central, estabelecendo uma relação variada com um conjunto de outros atores sociais: políticos, representantes de diferentes grupos sociais e cidadãos em geral. As fotos compõem uma história que se conta por meio de séries visuais em que se reconhecem as características de cada uma das gestões da

GOVERNADOR NEGRÃO DE LIMA VISITA A EXPOSIÇÃO DA MAQUETE DA PONTE RIO-NITERÓI, BANCO DO ESTADO DA GUANABARA (BEG). 04 DE DEZEMBRO DE 1968.

GOVERNADOR CHAGAS FREITAS ENTREGA DIPLOMAS DO MOVIMENTO BRASILEIRO DE ALFABETIZAÇÃO (MOBRAL) NO PALÁCIO GUANABARA. 6 DE SETEMBRO DE 1973.

CERIMÔNIA DE POSSE DO GOVERNADOR CHAGAS FREITAS. 15 DE MARÇO DE 1971.

Guanabara, sobretudo a forma como, fotograficamente, cada qual se expressou. As imagens das administrações do estado seguiram um protocolo-padrão voltado para a valorização dos atos oficiais. Os governadores apresentavam-se em pleno exercício do poder, expondo suas realizações e delineando com imagens uma personalidade diferenciada. O Palácio Guanabara aparece como espaço cênico recorrente, mas é o Rio de Janeiro que predomina como *locus* de ação por excelência, construindo uma abordagem que caracteriza a cidade como espaço político.

A excepcionalidade da coleção de imagens do serviço fotográfico da Guanabara reside tanto no volume do material, que reúne milhares de negativos, quanto no tipo de registro documental, mas principalmente na exposição das práticas fotográficas associadas à foto pública governamental nas interfaces entre a propaganda e o fotojornalismo.

A análise dos aspectos técnicos destas práticas, entre os quais a presença de dois tipos de formato de negativo para as séries relativas ao período em que existiu o estado da Guanabara, mostra a transição do negativo 6x6 cm – próprio das câmeras de formato Rolleiflex, de médio porte, com previsão de 120 negativos a cada filme – para o filme 35 mm – utilizado em câmeras de pequeno formato, com filmes em bobinas de 36 poses. Esta mudança afetou a relação do fotógrafo com sua câmera, cuja posição do visor

refletiria a alteração da performance corporal na captura das imagens. Antes pendurada à cintura, a câmera agora subia para o rosto.

Nas sequências de imagens expostas nas folhas de contato fotográfico se evidencia como a foto de governo, em sua prática, criou uma linguagem própria, que incorporaria, do fotojornalismo, a busca da síntese visual do fato como notícia, e, da fotografia de propaganda, a valorização da figura do governante. Assim, observa-se na composição das séries fotográficas uma característica que acompanhou a fotografia desde o fim do século XIX, com as primeiras experiências de registro de movimento: sequências que compõem com várias fotos o quadro de movimentos da ação geral.

O cumprimento entre duas autoridades, por exemplo, é registrado com várias fotos que seguem os movimentos: a entrada no ambiente do encontro, a aproximação entre os atores envolvidos, o movimento para cumprimentar, o instante do cumprimento, a conversa após a saudação etc. Da sequência fotográfica, escolhia-se, em geral, para difusão, a imagem que melhor conferia sentido ao tema retratado, capaz de atrair a atenção para o fato. Por outro lado, esta sequência também caracterizava a ideia de animação das imagens no registro de eventos, para composição de uma narrativa do acontecimento. Esta tendência se evidenciou, entre os próprios fotógrafos de governo, com o uso de câmeras de filmagem portáteis, que começaram a marcar presença na cobertura de eventos pela imprensa, nos anos 1960.

Dos três governadores que teve o estado da Guanabara, dois deles, Carlos Lacerda e Chagas Freitas, eram donos de órgãos de imprensa, respectivamente, a *Tribuna da Imprensa* e *O Dia*, e marcavam presença diariamente em seus jornais antes de serem eleitos. Estavam familiarizados com o uso político da imprensa e cientes do poder que as notícias e suas imagens exerciam sobre a opinião pública. Já Negrão de Lima possuía outros atributos, pela experiência como diplomata: o político que, mesmo isolado do sistema partidário, nas situações registradas mostra-se à vontade com os fotógrafos e em sintonia com a produção de imagem positiva para sua administração. Nas três gestões, as fotos promoviam a imagem do governador da Guanabara como sujeito da cidade, aquele que transforma o espaço urbano e cria seus equipamentos, investindo no Rio de Janeiro como local de exercício da política, que mobiliza a sociedade, os grupos sociais e indivíduos.

As escolhas e estratégias fotográficas presentes nas séries do período evidenciam a relação dos fotógrafos profissionais do serviço

NEGRÃO DE LIMA EM VISITA A OBRAS. 25 DE JULHO DE 1966.

O GOVERNADOR LACERDA E ALGUNS DEPUTADOS FEDERAIS VISITAM AS OBRAS DO HOSPITAL SOUZA AGUIAR. 08 DE NOVEMBRO DE 1963.

VISTA AÉREA DO CAMPO DE FUTEBOL DO PARQUE DO FLAMENGO. 11 DE ABRIL DE 1965.

DA ESQUERDA PARA A DIREITA
GOVERNADOR CARLOS LACERDA EM CERIMÔNIA DE ASSINATURA DE VERBAS DO FUNDO DO TRIGO PARA A CONSTRUÇÃO DE CASAS PARA POPULAÇÃO DE BAIXA RENDA.
8 DE JUNHO DE 1962.

GOVERNADOR NEGRÃO DE LIMA PARTICIPA DE INAUGURAÇÃO DA DUPLICAÇÃO DA PISTA DA AVENIDA BORGES DE MEDEIROS.
16 DE DEZEMBRO DE 1969.

GOVERNADOR CHAGAS FREITAS NA INAUGURAÇÃO DO MONUMENTO AOS DEZOITO DO FORTE.
COPACABANA, 06 DE JULHO DE 1974.

oficial com a cultura visual da época, marcada pela diversificação do mercado editorial de revistas ilustradas, que passaram por uma especialização segundo temas e perfil de público, pela crescente utilização de fotos nos jornais diários, capitaneada, de forma pioneira, pela equipe de Erno Schneider no extinto jornal *Correio da Manhã,* bem como pela televisão e pelos cinejornais.

As fotografias então produzidas caracterizam-se como uma das expressões da fotografia pública, meio pelo qual se define visualmente a representação dos governantes como sujeitos do processo social, das realizações na administração das questões públicas, em que se compõe o perfil do governante e de sua gestão – além de representação da experiência urbana da cidade. Mesmo produzindo imagens de protocolo, que buscam dar publicidade aos atos oficiais, em alguns momentos, elas fogem ao previsto, ao adotar uma linha de registro de documentação social, construindo uma memória das ações governamentais nem sempre publicadas como propaganda ou promoção. Observa-se no acervo estadual de imagens uma intenção documental que possibilita identificar fatos relevantes ou situações que os profissionais julgavam valer a pena registrar para a posteridade. A esta intenção documental acrescenta-se uma vontade narrativa que se aproxima do fotojornalismo clássico, em que os acontecimentos traduzem-se em cenas.

Analisar essa produção fotográfica permite compreender um universo visual específico, apresentando retratos da história da época em que a cidade do Rio de Janeiro era o estado da Guanabara – única experiência de governo de estado-cidade no Brasil. A fotografia abre o horizonte para uma outra abordagem da história política da cidade.

NO TEMPO DE **CARLOS LACERDA**
(1960-1965)

No período da administração de Carlos Lacerda, a Guanabara que se registra nas fotografias revela a busca de um novo perfil para a cidade do Rio de Janeiro: a Belacap, vitrine da nação e capital de fato. O governador, ao cumprir as promessas da campanha que o elegeu, não se isolou nos gabinetes, figurando nos registros fotográficos em vários dos lugares nos quais ele se destacava no comando da ação pública. De um lado, as fotos representam o perfil do líder político que se comunica na esfera pública, dando entrevistas coletivas, recebendo a imprensa no Palácio Guanabara; de outro lado, aparece também visitando obras com ares de engenheiro. Nas imagens, o governo afirma a cidade do Rio de Janeiro como canteiro de grandes obras públicas, no qual se imprime a marca das mudanças promovidas por Lacerda. No entanto, as fotos de seu envolvimento no golpe de Estado de 1964, convocando os civis para se unirem às forças militares no palácio do governo, presentes em outros acervos, e as dos incêndios nas favelas da Zona Sul não aparecem no conjunto das imagens governamentais.

VISITA À COMUNIDADE DA MARÉ. 31 DE OUTUBRO DE 1961.

CARLOS LACERDA EM VISITA À COMUNIDADE DA MARÉ. 31 DE OUTUBRO DE 1961.

Nas fotos, registra-se a criação de um novo sistema circulação viária para a cidade, proposta pelo governo a fim de transformá-la na Belacap e valorizar o novo estado para todo o país. Ao mesmo tempo, reforça-se a ideia de cartão-postal, apoiada na política pública de remoção das favelas dos morros da Zona Sul e no crescimento para a Zona Oeste, com a criação dos bairros populares. Nas imagens da construção do parque do Aterro do Flamengo afirma-se o Rio de Janeiro como Cidade Maravilhosa, às vésperas de seu IV Centenário. Os registros fotográficos de favelas e novos bairros na Zona Oeste, associados às fotos dos representantes das comunidades faveladas recebidos no Palácio Guanabara, sede do governo, acentuam a promessa, no discurso político, de uma vida melhor para todos os habitantes urbanos.

Obras de grande monta, como o túnel Rebouças, cujas explosões faziam as redondezas tremerem, foram captadas pelas lentes dos fotógrafos de governo em imagens de forte efeito visual, por expressarem, na extensão das galerias, a magnitude do empreendimento. Valorizam-se nas fotos os investimentos em

HOMENAGEM AO FUTURO GOVERNADOR CARLOS LACERDA, NA VÉSPERA DA ELEIÇÃO, NA RUA DA ALFÂNDEGA, REGIÃO DE COMÉRCIO POPULAR. CENTRO, 06 DE OUTUBRO DE 1962.

infraestrutura urbana, entre os quais se destacam o saneamento dos morros da cidade e sobretudo a solução do problema de abastecimento de água, com a construção da adutora do rio Guandu. As fotografias captam o ritmo das reformas urbanas e das grandes obras públicas que se apoiam em um novo pacto político com os diferentes grupos sociais, pelo qual o poder entra em ação para afiançar as condições da mudança política.

Ainda não se identifica o crédito dos fotógrafos, mas pode-se observar o estilo da Rolleiflex em ação, com séries animadas pela sequência de cliques. Os cenários, seus personagens e circuitos descortinam a performance de um governador que busca se consolidar como político nacional, decalcando o estado-cidade na imagem da nação: moderno e eficiente. As fotografias de governo representam Lacerda e sua administração em plena sintonia com o discurso político da época, agindo diretamente para criar a Belacap como forma de garantir seu lugar de homem público com projeção nacional.

HOMENAGEM AO FUTURO GOVERNADOR CARLOS LACERDA,
NA VÉSPERA DA ELEIÇÃO, NA RUA DA ALFÂNDEGA.
CENTRO, 06 DE OUTUBRO DE 1962.

ONDE ESTÁ O GOVERNADOR?

SAMI JORGE

O GOVERNADOR LACERDA E ALGUNS DEPUTADOS FEDERAIS VISITAM AS OBRAS DO HOSPITAL SOUZA AGUIAR.
08 DE NOVEMBRO DE 1963.

O GOVERNADOR CARLOS LACERDA FALA À IMPRENSA BRASILEIRA E INTERNACIONAL APÓS A CRISE MILITAR CONTRA O GOVERNO DE JOÃO GOULART. 04 DE ABRIL DE 1964.

CARLOS LACERDA INAUGURA A ESCOLA JOSÉ HENRIQUE RODO. VILA VALQUEIRE, 06 DE ABRIL DE 1964.

HOMENAGEM PELO ANIVERSÁRIO DE MORTE DO MAJOR VAZ, MILITAR MORTO EM ATENTADO CONTRA CARLOS LACERDA EM 1954. DIRETÓRIO DA UDN DA GUANABARA, 04 DE AGOSTO DE 1964.

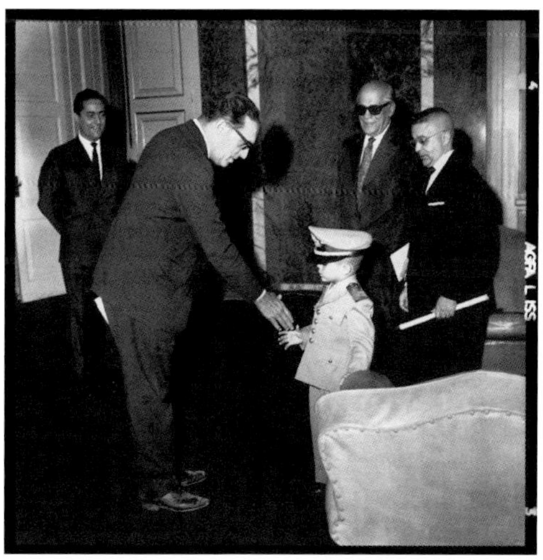

"CORONEL MIRIM" ENTREGA UM RETRATO DE TIRADENTES A CARLOS LACERDA. PALÁCIO TIRADENTES, 17 DE ABRIL DE 1964.

VISITA A COMUNIDADE DO ESQUELETO.
MARACANÃ, 21 DE JULHO DE 1965.

ENTREVISTA SOBRE A ÚLTIMA ETAPA DE ABERTURA DO TÚNEL REBOUÇAS, ENTRE O COSME VELHO E A LAGOA.
06 DE AGOSTO DE 1965.

A CIDADE NO RITMO DAS GRANDES OBRAS

FOTO DA ADMINISTRAÇÃO REGIONAL DE VILA ISABEL, RETRATANDO AS OBRAS DE REDE DE ESGOTO DO MORRO DOS MACACOS E A CONSTRUÇÃO DA ESCADA QUE LIGA O ANDARAÍ À TIJUCA. 05 DE FEVEREIRO DE 1962.

ASSINATURA DE VERBAS DO FUNDO DO TRIGO PARA A CONSTRUÇÃO DE CASAS PARA POPULAÇÃO DE BAIXA RENDA. 8 DE JUNHO DE 1962.

AO LADO
GOVERNADOR CARLOS LACERDA EM REUNIÃO COM MORADORES DE COMUNIDADES. 04 DE JUNHO DE 1962.

VISITA ÀS OBRAS DE CANALIZAÇÃO DO RIO GUANDU.
LAMEIRÃO, 02 DE AGOSTO DE 1962.

VISITA ÀS OBRAS DO VIADUTO SOBRE O RIO FARIA, QUE CORTA DIVERSOS BAIRROS DO SUBÚRBIO CARIOCA.
02 DE AGOSTO DE 1962.

AO LADO

CARLOS LACERDA ENTREGA A DOCUMENTAÇÃO DE CASA A UMA EMPREGADA DOMÉSTICA. PALÁCIO GUANABARA, 22 DE OUTUBRO DE 1963.

ENTREGA DE CASA A UMA EMPREGADA DOMÉSTICA. BANGU, 25 DE OUTUBRO DE 1963.

CRIANÇAS BRINCAM AO LADO DA ESTÁTUA DA LIBERDADE NA VILA KENNEDY, BAIRRO FINANCIADO PELOS ESTADOS UNIDOS E INAUGURADO POUCO DEPOIS DA MORTE DO PRESIDENTE J. F. KENNEDY. VILA KENNEDY, 13 DE ABRIL DE 1964.

PÁGINA 94:

MORADORES DA COMUNIDADE DO PASMADO. PALÁCIO GUANABARA, 06 DE DEZEMBRO DE 1963.

MORADORES DE BRÁS DE PINA EM VISITA AO GOVERNADOR. PALÁCIO GUANABARA, 1964.

VISTA AÉREA DO CAMPO DE FUTEBOL DO PARQUE DO FLAMENGO. 11 DE ABRIL DE 1965.

CORETO DO PARQUE DO FLAMENGO. 11 DE ABRIL DE 1965.

CERIMÔNIA DE COMEMORAÇÃO DA ÚLTIMA ETAPA DE ABERTURA DO TÚNEL REBOUÇAS, ENTRE O COSME VELHO E A LAGOA. 06 DE AGOSTO DE 1965.

AO LADO
VISITANTES PRATICANDO AEROMODELISMO NO PARQUE DO FLAMENGO. 11 DE ABRIL DE 1965.

O TÚNEL REBOUÇAS, QUE LIGA O COSME VELHO À LAGOA, EM SUA ÚLTIMA ETAPA DE CONSTRUÇÃO.
06 DE AGOSTO DE 1965.

CARLOS LACERDA VISITA A COMUNIDADE DO ESQUELETO.
MARACANÃ, 17 DE SETEMBRO DE 1965.

HASTEAMENTO DA BANDEIRA NA INAUGURAÇÃO DO PARQUE LAGE.
JARDIM BOTÂNICO, 26 DE SETEMBRO DE 1965

COMUNIDADE DO ESQUELETO. MARACANÃ, 17 DE SETEMBRO DE 1965.

KODAK SAFETY FILM
23

PODER EM AÇÃO

AÇÃO DE VISTORIA DOS CINEMAS RIVOLI E ALASKA. 13 DE JANEIRO DE 1962.

GOVERNADOR CARLOS LACERDA RECEBE A VISITA DE OFICIAIS DO PORTA-AVIÕES AMERICANO KITTI – AMK. 28 DE OUTUBRO DE 1961.

ESTADO DA GUANABARA
DEPARTAMENTO DE FISCALIZAÇÃO
EDITAL

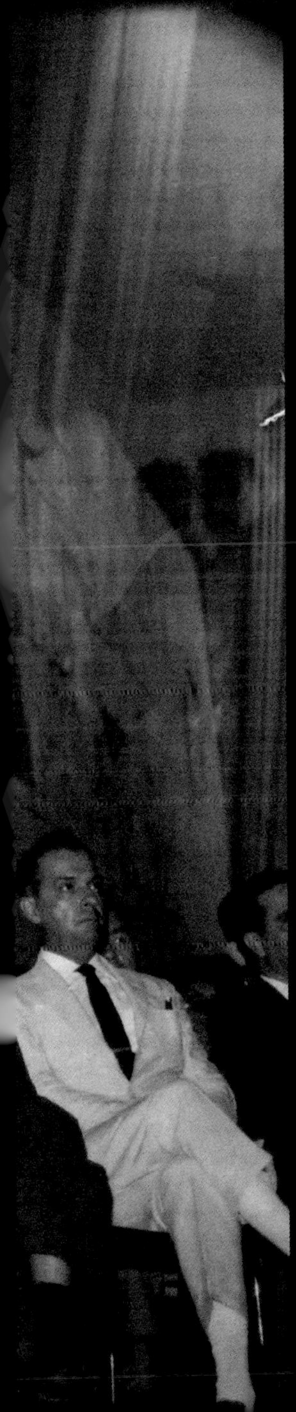

GOVERNADOR CARLOS LACERDA NA INAUGURAÇÃO DA EXPOSIÇÃO INDUSTRIAL SOVIÉTICA. PAVILHÃO DE SÃO CRISTÓVÃO, 03 DE ABRIL DE 1962.

GOVERNADOR CARLOS LACERDA DANDO ENTREVISTA NAS COMEMORAÇÕES DO DIA DO TRABALHO.
01 DE MAIO DE 1962.

HOMENAGEM DA FEDERAÇÃO DAS INDÚSTRIAS AO GOVERNADOR CARLOS LACERDA.
PALÁCIO GUANABARA, 26 DE MAIO DE 1962.

GOVERNADOR CARLOS LACERDA
VOTANDO NAS ELEIÇÕES DE 1962.
07 DE OUTUBRO DE 1962.

GOVERNADOR CARLOS LACERDA EM ALMOÇO OFERECIDO EM SUA HOMENAGEM PELA FEDERAÇÃO DAS INDÚSTRIAS. 03 DE JANEIRO DE 1963.

SOLENIDADE DO DIA DA BANDEIRA. PALÁCIO GUANABARA, 19 DE NOVEMBRO DE 1963.

RECEPÇÃO AO GOVERNADOR CARLOS LACERDA NO 15º ANIVERSÁRIO DA MAÇONARIA, NA SEDE DA INSTITUIÇÃO. 10 DE DEZEMBRO DE 1963.

SOLENIDADE NO PALÁCIO TIRADENTES EM HOMENAGEM A TIRADENTES. 21 DE ABRIL DE 1964.

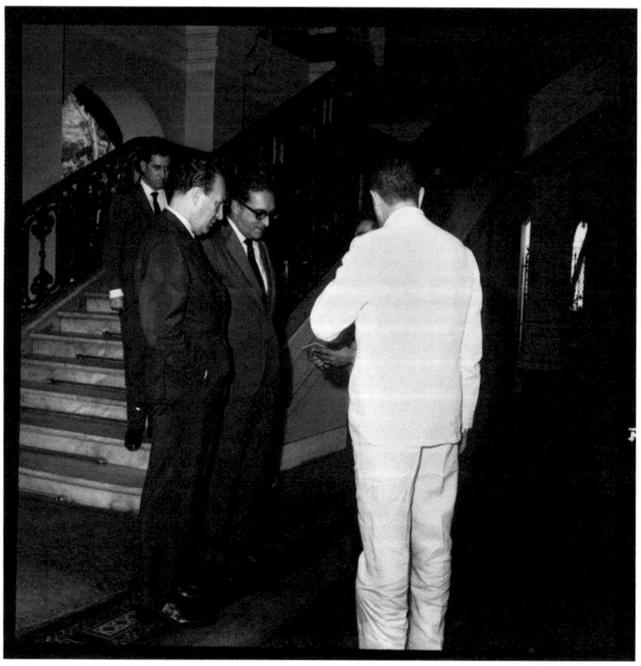

CARLOS LACERDA COM O PRESIDENTE DO CONGRESSO NACIONAL, RANIERI MAZZILLI. PALÁCIO GUANABARA, 18 DE ABRIL DE 1964.

CREDO DE BRASILIDADE
CREIO NO BRASIL TODO PODEROSO, CRIADOR DO BEM ESTAR DOS FILHOS DESTA TERRA; EM SUA LEI QUE NOS GOVERNA A QUAL FOI CONCEBIDA DO ESPIRITO DEMOCRÁ-
TICO DO NOSSO POVO NASCEU DA CONSCIENCIA DA NOSSA GRAN-
DEZA TEM PADECIDO SOB A INVEJA DE OLHOS COBIÇOSOS FOI
LUDIBRIADO MAS NUNCA SERÁ MORTO E SEPULTADO DESCEU AOS
INFERNO DA COBIÇA ALHEIA NA ULTIMA CONSTITUIÇÃO REPUBLI-
CANA RESSURGIU MAIS VIGOROSO E SEGURO DE SUA PUJANÇA
SUBIRÁ A GLORIA E FICARÁ ASSENTADO A MÃO DIREITA DE TÔDAS
AS NAÇÕES DONDE HÁ DE VIR A JULGAR OS ATOS DOS BONS E
DOS MAUS BRASILEIROS CREIO NA GRANDEZA DO BRASIL NO VALOR
DOS SEUS FILHOS NA UNIDADE DA LINGUA NA REMISSÃO DOS NOSSOS ERROS NA RESSURREIÇÃO DOS ATOS GLORIOSOS DOS NOSSOS MAIORES E NO SENTIMENTO DE BRASILIDADE
— AMÉM

CARLOS LACERDA COM O XÁ REZA PAHLEVI NO JOGO FLUMINENSE X CORINTHIANS.
MARACANÃ, 09 DE MAIO DE 1965.

0 X 0
EXIJA NOTA POR NOTA

NO TEMPO DE **NEGRÃO DE LIMA** (1965-1971)

O estado da Guanabara passou por uma série de desafios na gestão de Negrão de Lima, alguns marcantes, como as enchentes de 1966, que impuseram um ambiente de calamidade ao Rio de Janeiro, captado pelas fotografias de governo. As dificuldades com a natureza somaram-se à conclusão de obras e da remoção de comunidades faveladas iniciadas na administração anterior e incentivadas pelo governo federal. Estes desafios foram enfrentados por um governador que, apesar do isolamento político, não perdia a elegância nas cenas fotografadas – em que se conjugava a imagem de prefeito à de embaixador, cargos que ocupara anteriormente –, em situações as mais diversas: visitando as regiões alagadas, acompanhado as obras de dois túneis, inaugurando avenidas e encontrando-se com representantes populares.

Nas fotografias do período de Negrão de Lima, é comum o registro de cenas em que se destaca a maneira como o governo enfrentou o desafio da reestruturação urbana do Rio de Janeiro, com a abertura de vias e a urbanização das áreas circundantes à lagoa Rodrigo de Freitas, que, com a remoção das comunidades da Praia das Dragas, Praia do Pinto e Cantagalo, passaram a ser foco da ação embelezadora do governo. Parte da população removida destas áreas ocupou a Zona Oeste da cidade, dando origem a bairros como a Cidade de Deus. A chegada dos removidos às áreas de transferência e o processo de redistribuição populacional foram fixados pelas fotos de governo, apresentando tanto a eficácia dos agentes públicos quanto a precariedade da situação dos moradores pobres da cidade.

Em paralelo, na cobertura fotográfica das obras urbanas, as imagens ainda revelam, por exemplo, os primeiros passos da informatização do Estado, com os primeiros computadores do antigo Banco do Estado da Guanabara (BEG) ocupando a cena. As fotografias oficiais desse período recompõem o cenário de reconstrução da cidade em meio a uma situação política cada vez mais tensa, evidenciada pela presença de imagens em que representantes de diversos grupos da sociedade eram recebidos no Palácio Guanabara, em um ato político.

As séries fotográficas, com seus autores creditados, valorizam a ação de reordenamento do governo diante das adversidades, com

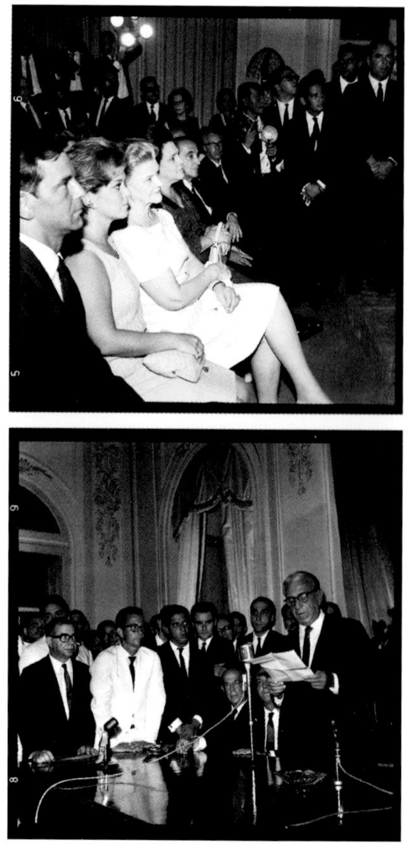

CERIMÔNIA DE POSSE DO GOVERNADOR NEGRÃO DE LIMA. PALÁCIO GUANABARA, 05 DE DEZEMBRO DE 1965.

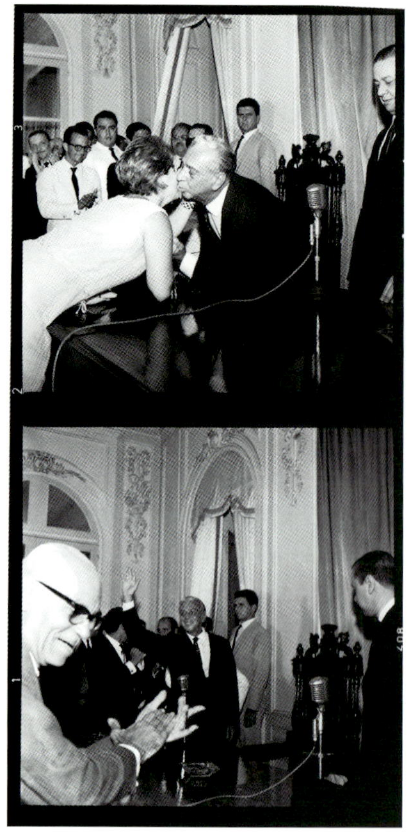

CERIMÔNIA DE POSSE DO GOVERNADOR NEGRÃO DE LIMA. PALÁCIO GUANABARA, 05 DE DEZEMBRO DE 1965.

as primeiras poses em 35 mm. Em alguns registros, percebe-se a influência do fotojornalismo na construção dos acontecimentos, como no caso das imagens das enchentes, que, fugindo aos protocolos de divulgação da ação governamental, mostram as vítimas dos desabamentos. Em outros casos, o governador recebe futebolistas e misses dos estados brasileiros, em momentos de descontração, sem dispensar seu inseparável cigarro.

As imagens fotográficas do governo Negrão de Lima contrastam com o discurso político da época, pois, em lugar do desgaste e da tensão política que marcaram sua gestão, decorrentes do fechamento do regime promovido pelos militares, elas investem na representação de um administrador atento aos desafios de seu cargo.

NEGRÃO, UM GOVERNADOR IMPECÁVEL

O GOVERNADOR NEGRÃO DE LIMA APRESENTA SEU SECRETARIADO. PALÁCIO GUANABARA, 06 DE DEZEMBRO DE 1965.

VISITA AO MORRO DA CRUZ APÓS UM TEMPORAL. ENGENHO NOVO, 15 DE JANEIRO DE 1966.

AO LADO
VISITA À SANTA TERESA APÓS UM TEMPORAL. 15 DE JANEIRO DE 1966.

CASE

VISITA À TIJUCA APÓS UM TEMPORAL. 15 DE JANEIRO DE 1966.

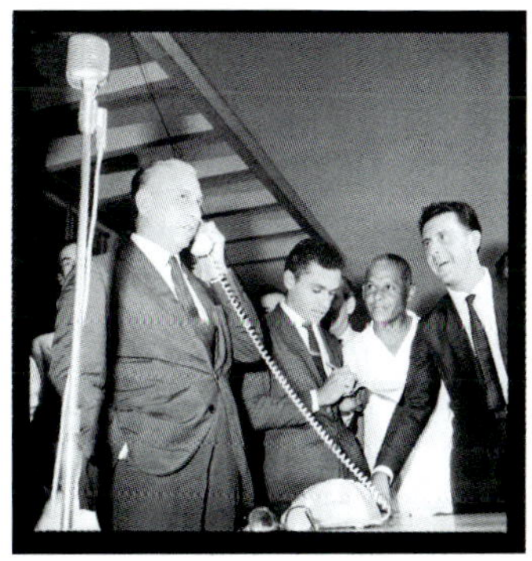

INAUGURAÇÃO DA COMPANHIA ESTADUAL DE TELEFONES (CETEL). CAMPO GRANDE, 28 DE JANEIRO DE 1966.

VISITA À DECORAÇÃO DE CARNAVAL DO THEATRO MUNICIPAL. 18 DE FEVEREIRO DE 1966.

VISITA À RUA PAULA BRITO. ANDARAÍ, 04 DE MARÇO DE 1966.

VISITA A OBRAS EM PIEDADE E OUTROS BAIRROS. 05 DE MARÇO DE 1966.

INAUGURAÇÃO DA EXPOSIÇÃO SOBRE CARDIOLOGIA NA SEDE DO JORNAL *CORREIO DA MANHÃ*. 25 DE MAIO DE 1966.

NEGRÃO DE LIMA COM OS MORADORES DO MORRO DA FORMIGA. TIJUCA, 14 DE AGOSTO DE 1966.

INAUGURAÇÃO DAS PRIMEIRAS ESCAVAÇÕES DO TÚNEL DO JOÁ E DA USINA DE ASFALTO. 01 DE JUNHO DE 1967.

INAUGURAÇÃO DAS PRIMEIRAS ESCAVAÇÕES DO TÚNEL DO JOÁ E DA USINA DE ASFALTO. 01 DE JUNHO DE 1967.

O GOVERNADOR PRESIDIU A ASSINATURA DO CONTRATO DE VIABILIDADE TÉCNICO-ECONÔMICA DO METRÔ DA GUANABARA. PALÁCIO GUANABARA, 22 DE AGOSTO DE 1967.

VISITAS A OBRAS DO RIO JOANA.
GRAJAÚ, 07 DE DEZEMBRO DE 1967.

INAUGURAÇÃO DE 1.700 CASAS NA CIDADE DE DEUS. JACAREPAGUÁ, 12 DE DEZEMBRO DE 1967.

O GOVERNADOR RECEBE AS "GATINHAS DO CARNAVAL" DE 1968.
PALÁCIO GUANABARA, 22 DE FEVEREIRO DE 1968.

NEGRÃO DE LIMA EM SUA MESA DE TRABALHO. PALÁCIO GUANABARA, 25 DE SETEMBRO DE 1968.

NEGRÃO DE LIMA EM PREPARAÇÃO PARA RECEBER A RAINHA ELIZABETH II NO AEROPORTO SANTOS DUMONT E NO MUSEU DE ARTE MODERNA DO RIO DE JANEIRO.
08 DE NOVEMBRO DE 1968.

NEGRÃO DE LIMA RECEBE A SENHORITA RIO 70. PALÁCIO GUANABARA, 13 DE NOVEMBRO DE 1970.

NEGRÃO DE LIMA RENOVA SUA CARTEIRA DE HABILITAÇÃO. 17 DE DEZEMBRO DE 1970.

S-SS
CLUB DO
10-6

OS DESAFIOS DO GOVERNO

INAUGURAÇÃO DA LINHA DE ÔNIBUS ELÉTRICO. VILA DA FAZENDA, MADUREIRA, 14 DE JULHO DE 1966.

VISITA A DIVERSAS OBRAS DA CIDADE. 25 DE JULHO DE 1966.

VISITA ÀS OBRAS DO ESTÁDIO DE REMO E DO CINEMA *DRIVE-IN*.
LAGOA RODRIGO DE FREITAS, 29 DE JULHO DE 1966.

EXPOSIÇÃO DE PLANOS DE CONSTRUÇÃO DE UNIDADES HABITACIONAIS. PALÁCIO GUANABARA, 22 DE SETEMBRO DE 1966.

COMPUTADOR INSTALADO NO BANCO DO ESTADO DA GUANABARA (BEG). 04 DE JANEIRO DE 1967.

ASPECTOS DA TIJUCA APÓS AS CHUVAS DE JANEIRO. 23 DE JANEIRO DE 1967.

TRANSFERÊNCIA DE MORADORES DE CAMPO GRANDE PARA A CIDADE DE DEUS. 27 DE ABRIL DE 1967.

VISITA À COMUNIDADE DA CATACUMBA. 03 DE AGOSTO DE 1967.

INAUGURAÇÃO DE OBRAS. DESTAQUE PARA A INSTALAÇÃO DO CHAFARIZ DO MANEQUINHO NA PRAIA DE BOTAFOGO, VESTIDO COM CAMISETA DA SURSAN – SUPERINTENDÊNCIA DE URBANIZAÇÃO E SANEAMENTO, CRIADA NO GOVERNO NEGRÃO DE LIMA. 25 DE NOVEMBRO DE 1967.

EXPOSIÇÃO MÓVEL E FOTOGRÁFICA DE OBRAS DO GOVERNO. ATERRO DO FLAMENGO, 06 DE DEZEMBRO DE 1967.

NEGRÃO DE LIMA INAUGURA CHAFARIZ LUMINOSO, COM IMAGEM DE N. SENHORA DA GLÓRIA.
LARGO DO MACHADO, 12 DE FEVEREIRO DE 1968.

EXPOSIÇÃO DA MAQUETE DA PONTE RIO-NITERÓI, BANCO DO ESTADO DA GUANABARA (BEG). 04 DE DEZEMBRO DE 1968

OBRAS NAS ENCOSTAS E LIGAÇÃO ENTRE AS DUAS GALERIAS DO TÚNEL REBOUÇAS E DE CONSTRUÇÃO DO VIADUTO PEDRO ÁLVARES CABRAL, NA PRAIA DE BOTAFOGO. 27 DE MARÇO DE 1969.

OBRAS DO ALARGAMENTO DA AVENIDA ATLÂNTICA. 25 DE SETEMBRO DE 1969.

OBRAS DO ELEVADO DA AVENIDA PAULO DE FRONTIN.
RIO COMPRIDO, 25 DE SETEMBRO DE 1969.

INAUGURAÇÕES DE DIVERSAS RUAS PAVIMENTADAS. VIGÁRIO GERAL, JARDIM AMÉRICA E PARADA DE LUCAS, 02 DE FEVEREIRO DE 1971.

INAUGURAÇÕES DE PASSARELA DO ATERRO. 16 DE DEZEMBRO DE 1969.

NAUGURAÇÃO DA PISTA DUPLICADA DA AVENIDA BORGES DE MEDEIROS, NA LAGOA
E DE PASSARELA DO ATERRO DO FLAMENGO. 16 DE DEZEMBRO DE 1969

ENCONTROS COM O PODER

VISITA À CONCENTRAÇÃO DOS JOGADORES DA SELEÇÃO BRASILEIRA DE FUTEBOL. NEGRÃO DE LIMA ABRAÇA PELÉ. PAINEIRAS, 02 DE ABRIL DE 1966.

INAUGURAÇÃO DO VIADUTO SANTOS DIAS, COM A PRESENÇA DO PRESIDENTE CASTELLO BRANCO.
ALTO DA BOA VISTA, 20 DE JUNHO DE 1966.

VISITA DO POETA MANUEL BANDEIRA AO GOVERNADOR NEGRÃO DE LIMA.
PALÁCIO GUANABARA, 28 DE JUNHO DE 1966.

VISITA DO CANTOR E COMPOSITOR DA JOVEM GUARDA, ROBERTO CARLOS, AO GOVERNADOR NEGRÃO DE LIMA.
PALÁCIO GUANABARA, 15 DE JULHO DE 1966.

ALMOÇO DOS GOVERNADORES DOS ESTADOS DE SÃO PAULO, MINAS GERAIS, RIO E DA GUANABARA. HOTEL GLÓRIA, 16 DE SETEMBRO DE 1966.

INAUGURAÇÃO DO PALÁCIO DA JUSTIÇA. CENTRO, 08 DE DEZEMBRO DE 1966.

INAUGURAÇÃO DO PALÁCIO DA JUSTIÇA.
CENTRO, 08 DE DEZEMBRO DE 1966.

NEGRÃO DE LIMA RECEBE O POETA VINICIUS DE MORAES. PALÁCIO GUANABARA, 29 DE MAIO DE 1967.

COMISSÃO DE ESTUDANTES DO RESTAURANTE DO CALABOUÇO COM O GOVERNADOR. PALÁCIO GUANABARA, 30 DE MAIO DE 1967.

NEGRÃO DE LIMA É HOMENAGEADO NA ASSOCIAÇÃO BRASILEIRA DE IMPRENSA (ABI). 11 DE JULHO DE 1967.

GOVERNADOR NEGRÃO DE LIMA E PREFEITO DE SÃO PAULO FARIA LIMA ASSINAM PROTOCOLO RIO-SÃO PAULO.
PALÁCIO GUANABARA, 18 DE DEZEMBRO DE 1967.

O GOVERNADOR RECEBE BERNARDO HOUSSAY, PRÊMIO NOBEL DE MEDICINA.
PALÁCIO GUANABARA, 16 DE MAIO DE 1968.

ENCONTRO DA CLASSE ARTÍSTICA COM O GOVERNADOR NEGRÃO DE LIMA EM CAMPANHA CONTRA A CENSURA E A REPRESSÃO POLÍTICA, DESTACANDO-SE A PRESENÇA DOS ATORES PAULO AUTRAN E TÔNIA CARRERO, DA CANTORA NARA LEÃO E DA ESCRITORA CLARICE LISPECTOR, ENTRE OUTROS. PALÁCIO GUANABARA, 22 DE JUNHO DE 1968.

DA GB
Desapropr
IMEDIAT

NEGRÃO DE LIMA CONVERSA COM MORADORES DO MORRO DO VINTÉM. 19 DE JANEIRO DE 1968.

O GOVERNADOR NEGRÃO DE LIMA RECEBE CHICO ANÍSIO. PALÁCIO GUANABARA, 20 DE JUNHO DE 1969.

O PRESIDENTE MÉDICI E O GOVERNADOR NEGRÃO DE LIMA EM CERIMÔNIA NA CIDADE UNIVERSITÁRIA. NAS DUAS ÚLTIMAS IMAGENS, O ENTÃO MINISTRO ANTONIO DELFIM NETTO APARECE AO LADO DO GOVERNADOR. 21 DE JANEIRO DE 1970.

SAFETY FILM
KODAK TRI X PAN FILM
30
30A
31
31A
32
32A
33
33A

COMEMORAÇÃO DO VI ANIVERSÁRIO DA "REVOLUÇÃO DE 1964" (COMO FOI CHAMADO NA ÉPOCA O GOLPE MILITAR DE 1964).
MARACANÃ, 30 DE MARÇO DE 1970.

NO TEMPO DE **CHAGAS FREITAS** (1971-1975)

Em sua administração, Chagas Freitas assumiu o desafio de efetivar a estadualização da Guanabara. Candidato pelo Movimento Democrático Brasileiro (MDB) e eleito indiretamente pela Assembleia Legislativa, Chagas Freitas representava a oposição consentida pelo regime militar. Nas solenidades públicas, o governador era fotografado de terno branco, posicionado no centro da cena, rodeado tanto por militares quanto por trabalhadores, ou, ainda, em plena ação, andando pelos canteiros de obras públicas, com a pá na mão, em sequências animadas que se distinguiam das demais imagens de vistoria de obras por uma *mise-en-scène* peculiar. A figura do governador projetava-se em diferentes cenários políticos da cidade: em procissões nas ruas do Centro; em visita à instalação das decorações do carnaval carioca; no Palácio Guanabara, recebendo militares e políticos; em instituições como escolas, hospitais e instalações fabris, em plena performance de chefe político.

VISITA AO SISTEMA PÃO DE AÇÚCAR.
PRAIA VERMELHA, 05 DE JANEIRO DE 1971.

Nas fotografias de governo do período Chagas Freitas, o esforço de efetivar a estadualização da Guanabara revela-se nos registros dos investimentos na modernização do sistema de telefonia e na estruturação da empresa de fornecimento de gás. Estes temas foram incluídos na pauta dos fotógrafos oficiais, enfatizando o desafio de prover o estado de uma infraestrutura necessária a seu desenvolvimento. Da mesma forma que nos períodos anteriores, valorizavam-se as obras viárias, entre as quais as construções do elevado Paulo de Frontin e da ponte Rio-Niterói, ambas visitadas assiduamente pelo governador. Entretanto, na série que registra a obra da ponte Rio-Niterói, com a presença do governador e do ministro dos Transportes da época, Mario Andreazza, já se esboçava o destino da Guanabara. A ponte pode ser considerada a pedra fundamental da fusão entre o recém-criado estado e o antigo estado do Rio de Janeiro, e, em grande medida, a imagem-síntese do último governo da Guanabara.

Nas fotografias oficiais da gestão Chagas Freitas se construiu uma representação de poder que projetava o governador no comando das articulações políticas. Retratado em companhia de diferentes grupos sociais, ele parecia sempre prestes a abraçar um

CERIMÔNIA DE POSSE DO GOVERNADOR CHAGAS FREITAS.
15 DE MARÇO DE 1971.

correligionário ou um cidadão comum. Dos militares às comunidades religiosas, sem deixar de lado as celebridades do mundo dos esportes, do *star-system* e as lindas misses que já frequentavam o palácio de governo em outras ocasiões, todos foram fixados pelo clique atento dos fotógrafos de governo. As ágeis câmeras Reflex de visor direto acompanhavam o governador e sua administração com registros fotográficos e, seguindo o protocolo da notícia e de sua difusão, valorizavam o evento, o cenário e os personagens.

CHAGAS FREITAS RECEBE A VISITA DO ARCEBISPO DO RIO DE JANEIRO, DOM EUGÊNIO SALES, NO PALÁCIO GUANABARA. 26 DE ABRIL DE 1971.

NP 27
17
18
19
20
21
22

O GOVERNADOR DA GUANABARA, CHAGAS FREITAS, O GOVERNADOR DO ESTADO DO RIO DE JANEIRO, RAIMUNDO PADILHA E O ALMIRANTE BERUTTI ASSINAM O REGULAMENTO SOBRE O COMBATE À POLUIÇÃO NA BAÍA DE GUANABARA, DIRETORIA DE PORTOS E COSTAS.
11 DE NOVEMBRO DE 1971.

CHAGAS FREITAS OFERECENDO RECEPÇÃO A PERSONALIDADES NA RESIDÊNCIA OFICIAL NA GÁVEA PEQUENA. 18 DE DEZEMBRO DE 1971.

INAUGURAÇÃO DO CONJUNTO HABITACIONAL DE DEL CASTILHO. 18 DE DEZEMBRO DE 1971.

O BRASIL S.A.

VISITA AO THEATRO MUNICIPAL E À DECORAÇÃO CARNAVALESCA DA AVENIDA PRESIDENTE VARGAS. O DEPUTADO MIRO TEIXEIRA ACOMPANHA O GOVERNADOR CHAGAS FREITAS.
11 DE FEVEREIRO DE 1972.

PÁGINA AO LADO

O GOVERNADOR PRESIDE A POSSE DO CONSELHO DO PROJETO RONDON. PALÁCIO GUANABARA, 21 DE FEVEREIRO DE 1972.

VISITA À FAZENDA MODELO E AO CENTRO DE ACOLHIMENTO DE MORADORES DE RUA. CAMPO GRANDE, 06 DE SETEMBRO DE 1972.

CERIMÔNIA DE INAUGURAÇÃO DA NOVA ILUMINAÇÃO A VAPOR DE MERCÚRIO. CAMPO GRANDE, 20 DE JANEIRO DE 1973.

VISITA AO MUSEU DE ARTE MODERNA.
24 DE ABRIL DE 1973.

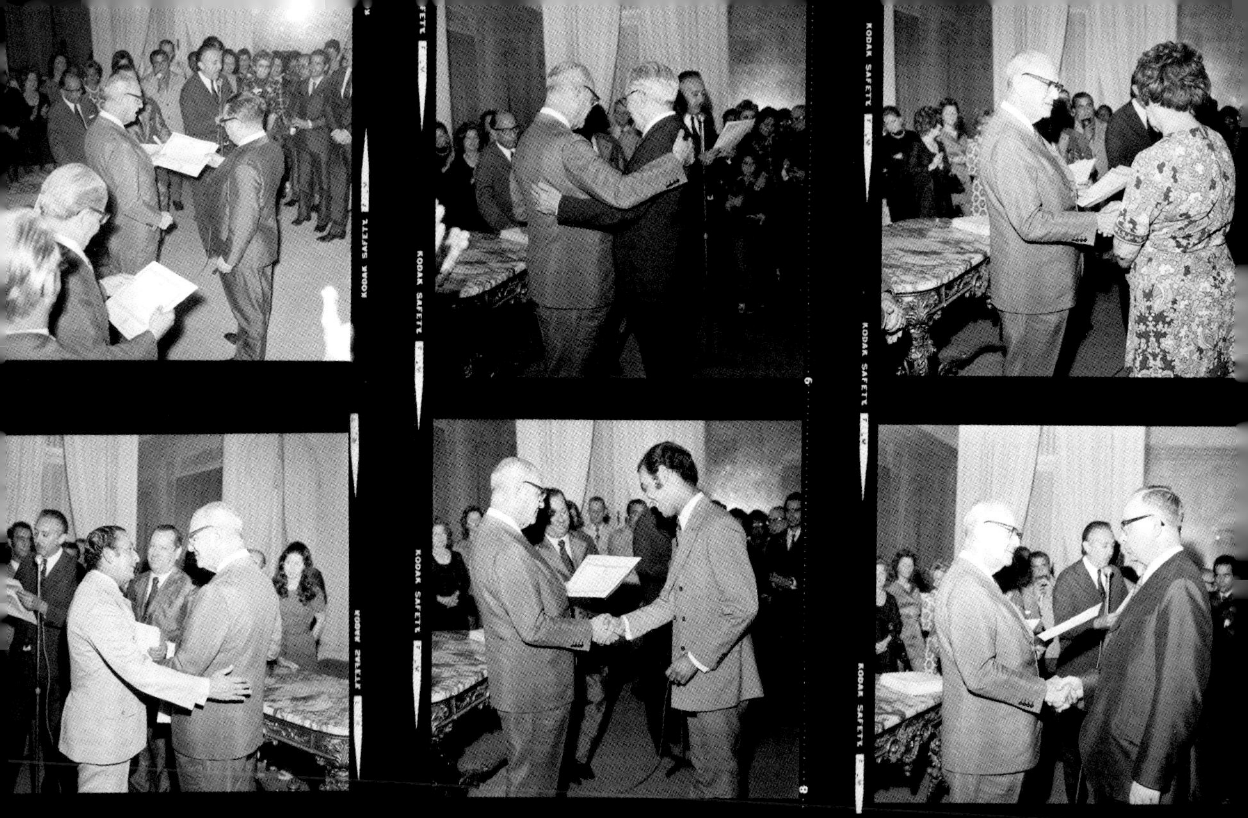

GOVERNADOR ENTREGANDO DIPLOMAS DO MOVIMENTO BRASILEIRO DE
FABETIZAÇÃO (MOBRAL) NO PALÁCIO GUANABARA, 6 DE SETEMBRO DE 1973

RECEBENDO REPRESENTANTES DA DISNEYLÂNDIA NO PALÁCIO GUANABARA.
06 DE OUTUBRO DE 1973.

CHAGAS FREITAS NA PROCISSÃO DE SÃO SEBASTIÃO. 20 DE JANEIRO DE 1974.

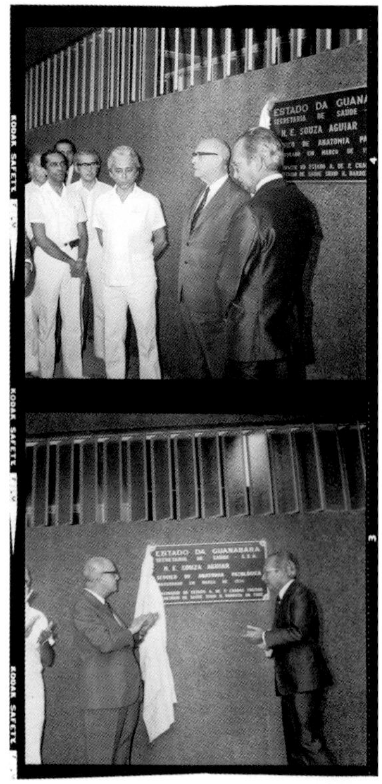

INAUGURAÇÃO DO PAVILHÃO DE ANATOMIA PATOLÓGICA NO HOSPITAL SOUZA AGUIAR. CENTRO, 08 DE ABRIL DE 1974.

INAUGURAÇÃO DA ESCOLA FARIA LIMA. ÁGUA SANTA, 17 DE ABRIL DE 1974.

INAUGURAÇÃO DO MONUMENTO AOS DEZOITO DO FORTE. NA FOTO EM DESTAQUE, O GOVERNADOR CHAGAS FREITAS CUMPRIMENTA O VICE-PRESIDENTE DA REPÚBLICA, ADALBERTO PEREIRA DOS SANTOS. COPACABANA, 06 DE JULHO DE 1974.

INAUGURAÇÃO DO MONUMENTO AOS DEZOITO DO FORTE. COPACABANA, 06 DE JULHO DE 1974.

VISITA À ALZIRA VARGAS, FILHA DO PRESIDENTE GETÚLIO VARGAS. 13 DE NOVEMBRO DE 1974.

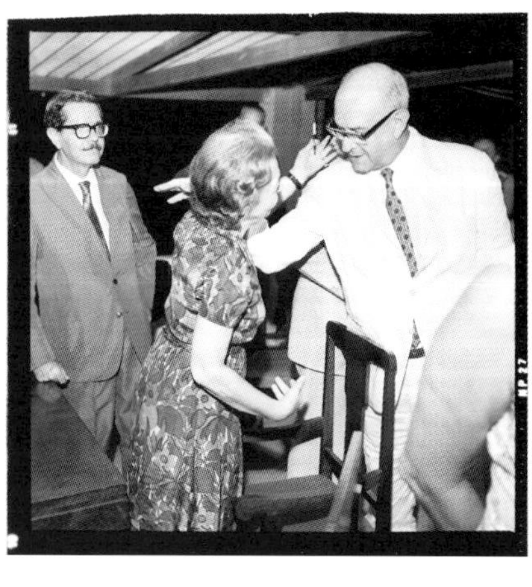

CHAGAS FREITAS VOTANDO EM CAMPO GRANDE.
15 DE NOVEMBRO DE 1974.

O QUE SERÁ DA GUANABARA?

INAUGURAÇÃO DO SISTEMA DE DISCAGEM DIRETA (DDD).
PALÁCIO GUANABARA, 06 DE MAIO DE 1971.

AO LADO:

INAUGURAÇÃO DAS INSTALAÇÕES DE AMPLIAÇÃO DA COMPANHIA ESTADUAL DO GÁS. SÃO CRISTÓVÃO, 02 DE JUNHO DE 1971.

INAUGURAÇÃO DAS OBRAS DA ELEVATÓRIA DE ACARI. ESTAÇÃO ACARI, 02 DE JUNHO DE 1971.

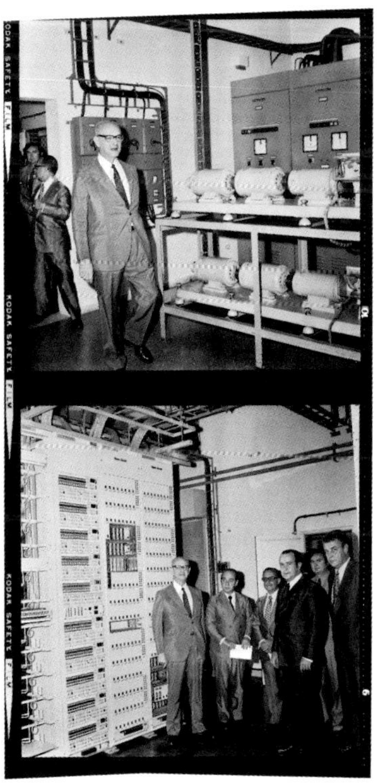

VISITA DO GOVERNADOR À COMPANHIA ESTADUAL DE TELEFONES (CETEL).
IRAJÁ, 18 DE AGOSTO DE 1971.

GOVERNADOR RECEBE A COMISSÃO DE TÉCNICOS SOBRE RESULTADO DO DESABAMENTO DO ELEVADO PAULO DE FRONTIN. PALÁCIO GUANABARA, 10 DE JANEIRO DE 1972.

O GOVERNADOR INSPECIONA A OBRA DO TÚNEL DOIS IRMÃOS E VISITA O NOVO DISTRITO RODOVIÁRIO DE CAMPO GRANDE. 29 DE JANEIRO DE 1972.

NP 27
20
IV
33
34
35
36
37
38

NP 27
20
IV
39
40
41
42
43
44

VISITA AO VIADUTO DA MANGUEIRA E À OBRA DO TÚNEL FREI CANECA.

CENTRO DA CIDADE, 08 DE FEVEREIRO DE 1972.

GOVÊRNO DO ESTADO DA GUANABARA
SECRETARIA DE OBRAS PÚBLICAS
DEPARTAMENTO DE VIAS URBANAS
D.V.U.
N Sª DE FÁTIMA
5 6 7 8 9 10
NP 27 20
29 30 31 32 33 34
22 21 20 19 18 17

VISITA AO VIADUTO DA MANGUEIRA E ÀS OBRAS DO TÚNEL FREI CANECA.
CATUMBI, 08 DE FEVEREIRO DE 1972.

VISTORIA DAS OBRAS DA CIDADE UNIVERSITÁRIA DA ILHA DO FUNDÃO. 19 DE MARÇO DE 1972.

ORWO S
5
6
7
8
9
10

VISITA A OBRAS DO INTERCEPTOR OCEÂNICO, LEME-MOURISCO. ZONA SUL DA CIDADE, 10 DE ABRIL DE 1972.

VISITA AO ESTÁDIO DO MARACANÃ. 16 DE MAIO DE 1972.

VISITA A OBRAS DO CAMPUS DA UNIVERSIDADE DO ESTADO DA GUANABARA, ATUAL UERJ.
MARACANÃ, 14 DE JULHO DE 1972.

VISITA A OBRAS NA AVENIDA PAULO DE FRONTIN. 01 DE DEZEMBRO DE 1972.

INAUGURAÇÃO DE UMA USINA DE GÁS.
GASÔMETRO, 30 DE MAIO DE 1973.

VISITA ÀS OBRAS DA PONTE RIO-NITERÓI EM COMPANHIA DO MINISTRO DOS TRANSPORTES MARIO ADREAZZA.
20 DE NOVEMBRO DE 1973.

VISITA ÀS OBRAS DA PONTE RIO-NITERÓI EM COMPANHIA DO MINISTRO DOS TRANSPORTES MARIO ADREAZZA.
20 DE NOVEMBRO DE 1973.

LIGAÇÃO VIÁRIA LAGOA-AV. BRASIL
TRECHO TÚNEL REBOUÇAS-TREVO DAS F. ARMADAS
GOVÊRNO DO ESTADO DA GUANABARA
SECRETARIA DE OBRAS PÚBLICAS
DEPARTAMENTO DE ESTRADAS DE RODAGEM
DER-GB
OBRAS DO ELEVADO SOBRE O
CANAL DO RIO COMPRIDO
III REGIÃO ADMINISTRATIVA
FISCALIZAÇÃO DA DIRETORIA DE OBRAS A CARGO DA 4ª DFO
ESCRITORIO DE CONSTRUÇÕES E ENGENHARIA
ECEL S/A
RIO DE JANEIRO
SÃO PAULO BRASÍLIA
SINMAST
TRABALHANDO
CONCREMAT
VW 1600

VISITA AO VIADUTO PAULO DE FRONTIN, QUE ATRAVESSA O BAIRRO DO RIO COMPRIDO ATÉ A CIDADE NOVA. 10 DE NOVEMBRO DE 1974.

28 DE DEZEMBRO DE 1974.

VIA EXPRESSA LAGOA-AV. BRASIL
ELEVADO DA AVENIDA
PAULO DE FRONTIN
OBRA INAUGURADA EM DEZEMBRO DE 1974
GOVERNADOR DO ESTADO
CHAGAS FREITAS
SECRETÁRIO DE OBRAS PÚBLICAS
ENGº EMILIO IBRAHIM
DIRETOR GERAL DO DER
ENGº RENATO DA SILVA ALMEIDA

NOS EMBALOS DO PODER

FESTIVIDADE DO DIA DE TIRADENTES. AVENIDA PRIMEIRO DE MARÇO, 21 DE ABRIL DE 1971.

FESTIVIDADE DO DIA DE TIRADENTES. AVENIDA PRIMEIRO DE MARÇO, 21 DE ABRIL DE 1971.

CHAGAS FREITAS RECEBE O EX-PRESIDENTE EURICO GASPAR DUTRA. PALÁCIO GUANABARA, 18 DE MAIO DE 1971.

HOMENAGEM AOS HERÓIS DA I GUERRA MUNDIAL DIANTE DO BUSTO DO ALMIRANTE FRONTIN NA AVENIDA DELFIM MOREIRA. LEBLON, 11 DE NOVEMBRO DE 1971.

HOMENAGEM AOS HERÓIS DA I GUERRA MUNDIAL DIANTE DO BUSTO
DO ALMIRANTE FRONTIN NA AVENIDA DELFIM MOREIRA.
LEBLON, 11 DE NOVEMBRO DE 1971.

FESTIVIDADE DE NATAL. PALÁCIO GUANABARA. 14 DE DEZEMBRO DE 1971.

CHAGAS FREITAS RECEBE MEMBROS DA CONVENÇÃO DA IGREJA EVANGÉLICA ASSEMBLEIA DE DEUS NO PALÁCIO GUANABARA. 27 DE JANEIRO DE 1972.

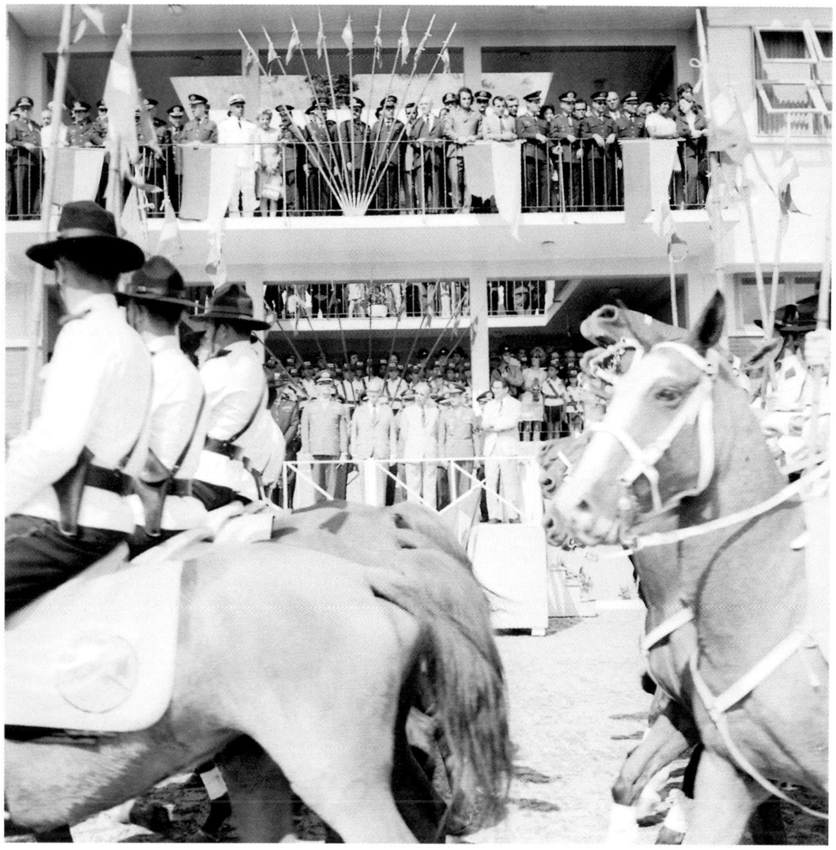

INAUGURAÇÃO DO QUARTEL DE CAVALARIA DA POLÍCIA MILITAR. CAMPO GRANDE, 11 DE MAIO DE 1972

CHAGAS FREITAS EM VISITA AO CARDEAL DOM EUGÊNIO SALES, NO PALÁCIO SÃO JOAQUIM, SEDE DO ARCEBISPADO DO RIO DE JANEIRO. CATETE, 25 DE MAIO DE 1972.

CHAGAS FREITAS RECEBE MEMBROS DO SIMPÓSIO DO TEATRO.
PALÁCIO GUANABARA, 10 DE JUNHO DE 1972.

O GOVERNADOR RECEBE ESCRETE BRASILEIRO DA MINI-COPA. PALÁCIO GUANABARA, 26 DE JUNHO DE 1972.

CHAGAS FREITAS RECEBE AS CANDIDATAS A MISS BRASIL. PALÁCIO GUANABARA, 21 DE JUNHO DE 1972.

O GOVERNADOR RECEBE RABINOS, PALÁCIO GUANABARA.
21 DE JUNHO DE 1972.

CHAGAS FREITAS EM ALMOÇO EM HOMENAGEM AO PILOTO DE FÓRMULA 1, EMERSON FITTIPALDI.
AUTOMÓVEL CLUBE DO BRASIL, 07 DE NOVEMBRO DE 1972.

GOVERNADOR CHAGAS FREITAS ASSINA LEI QUE ISENTA DE IMPOSTO A INDÚSTRIA CINEMATÓGRÁFICA, DIANTE DE EMPRESÁRIOS DO SETOR E DEPUTADOS.
PALÁCIO GUANABARA, 28 DE NOVEMBRO DE 1972.

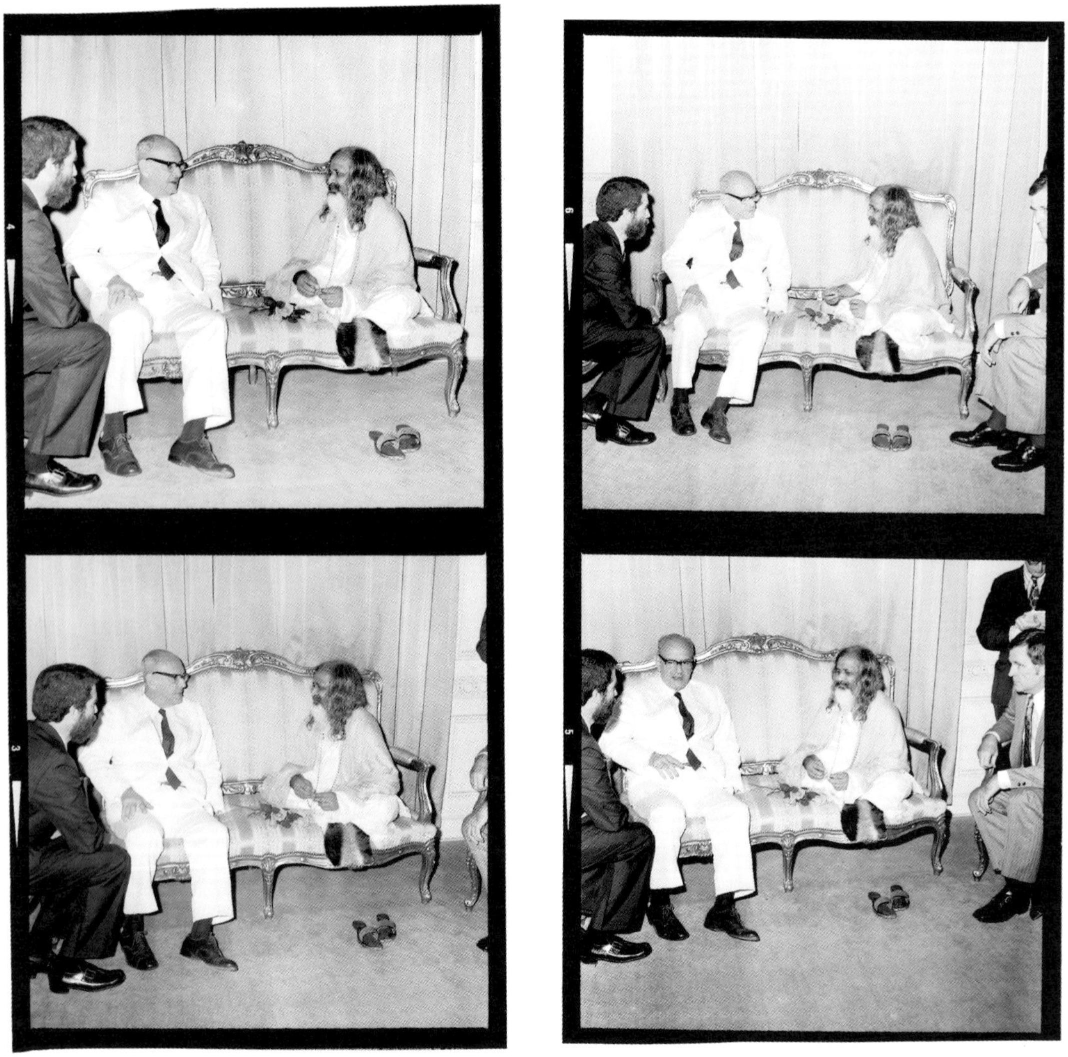

O GOVERNADOR RECEBE O GURU MAHARISHI MAHESH YOGI. PALÁCIO GUANABARA, 05 DE DEZEMBRO DE 1972.

GOVERNADOR CHAGAS FREITAS ASSISTE À FESTA DE PRETO VELHO.
CAMPO GRANDE, 12 DE MAIO DE 1973.

CHAGAS FREITAS RECEBE MAÇONS. PALÁCIO GUANABARA, 26 DE JUNHO DE 1973.

ROBERTO CARLOS EM VISITA A CHAGAS FREITAS.
PALÁCIO GUANABARA, 27 DE DEZEMBRO DE 1973.

CHEGADA DO PRESIDENTE NICOLAE CEAUSESCU, DA ROMÊNIA. 08 DE MARÇO DE 1974.

ROMANIAN AIR TRANSPORT

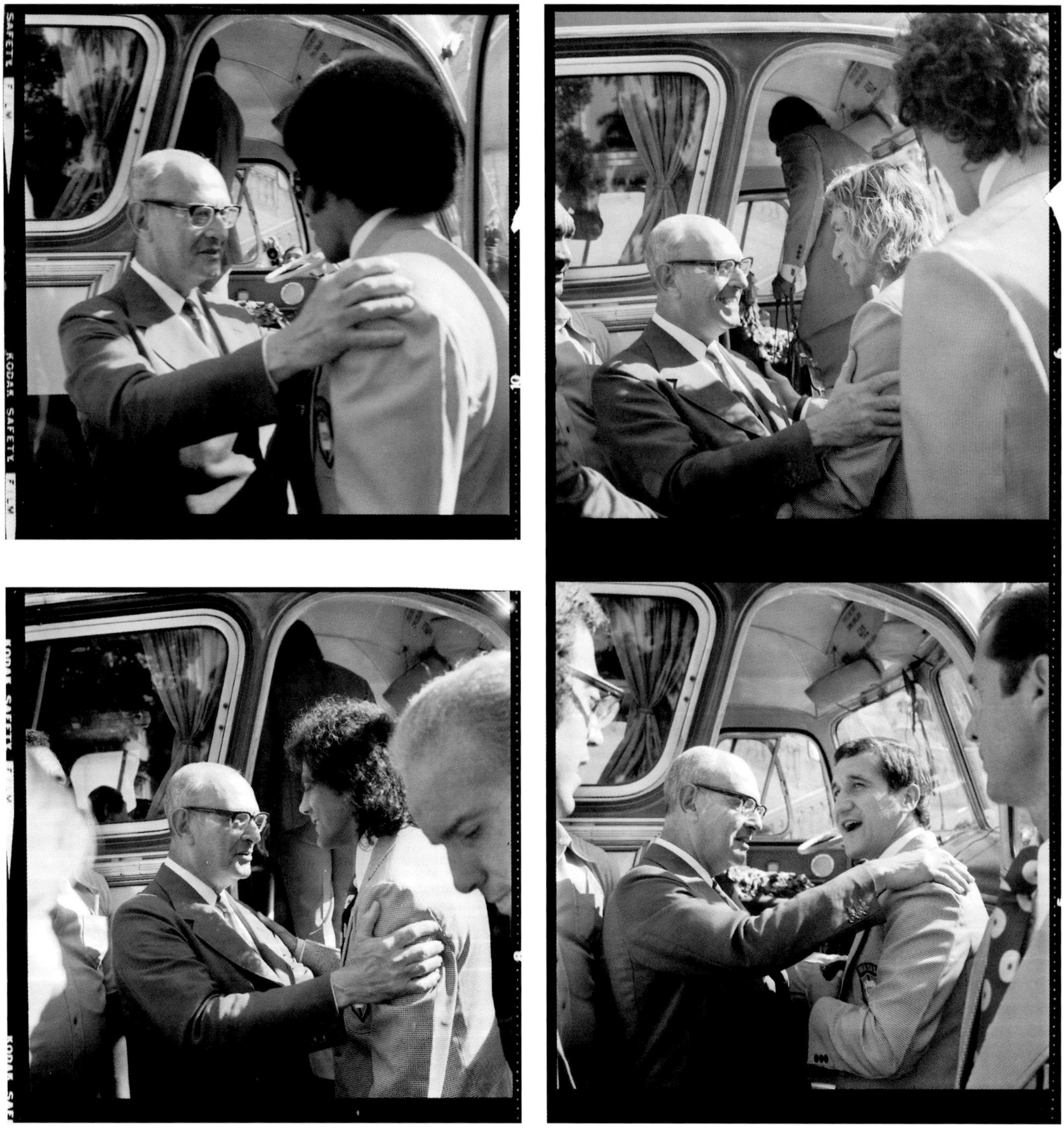

O GOVERNADOR RECEBE OS JOGADORES DA SELEÇÃO BRASILEIRA DE FUTEBOL. NO ALTO À ESQUERDA, JAIRZINHO. ALTO, À DIREITA, MARINHO CHAGAS; EMBAIXO À ESQUERDA, O GOVERNADOR CUMPRIMENTA O JOGADOR CÉSAR MALUCO. EM PRIMEIRÍSSIMO PLANO, ZAGALLO (TÉCNICO). À DIREITA, O PREPARADOR FÍSICO CARLOS ALBERTO PARREIRA. 16 DE MAIO DE 1974.

ATO FINAL

Em 15 de março de 1975, no Palácio Guanabara, realizou--se a cerimônia de passagem de cargo que marcou o término do mandato do governador Chagas Freitas. Ao mesmo tempo, o rito encerrava a época do Estado da Guanabara. Acompanhado do governador fluminense Raymundo Padilha, Chagas Freitas entregou o cargo ao governador do novo estado do Rio de Janeiro, Faria Lima. A solenidade simbolicamente representou a fusão para a criação da nova unidade federativa. A ocasião foi a única vez na história do Brasil que um governador recebeu o cargo de dois governadores anteriores. A cidade do Rio de Janeiro se definiu a partir de então como capital estadual, iniciando uma nova época da história carioca.

LISTA DE FOTÓGRAFOS DA AID 1960-1975

Os fotógrafos que atuaram na Assessoria de Imprensa e Divulgação (AID) ao longo dos governos da Guanabara viveram uma época em que o crédito fotográfico não se caracterizava como uma exigência da profissão. A identificação dos fotógrafos, quando verificada, muitas vezes limitava-se somente ao primeiro nome ou ao sobrenome. Optamos por manter a referência nominal mesmo que incompleta como uma forma de valorizar o trabalho desses profissionais e sua importância para a história da fotografia pública.

Informações sobre os fotógrafos que integraram a AID serão de grande valor para a consolidação da memória do período.

Neste sentido, a equipe de *Nos tempos da Guanabara* agradece as contribuições, que podem ser enviadas para o e-mail aperj@aperj.rj.gov.br

Esta lista foi elaborada a partir dos registros constantes no fundo AID, considerando que há muitas imagens que não possuem registros de autoria.

GOVERNO CARLOS LACERDA

Álvaro
Correia
Fernando Bueno
João
Maghelli
Orlando Alli

GOVERNO NEGRÃO DE LIMA

Ana
Fantappié
Ubirajara

GOVERNO CHAGAS FREITAS

Álvaro Santos
César Neves
Cylto
Demócrito Bezerra
Elsom
Fantappié
Fernando Brito
João Limeira
Jorge Pinto
Lauro Telles
Luis Irany
Manoel
Milton Sanches
Ricardo Viana
Ubirajara

SOBRE OS AUTORES

MARLY MOTTA é doutora em História pela Universidade Federal Fluminense (UFF), especialista em história política do Rio de Janeiro e do Brasil republicano. Professora aposentada da Fundação Getulio Vargas, ministra a disciplina Sistema Político Brasileiro para os cursos de pós-graduação de administração pública (Cipad-FGV). Autora de livro didático de história para o ensino médio, prestou consultoria à Secretaria Municipal de Educação do Rio de Janeiro para a reestruturação do currículo de história para o ensino fundamental. Especialista no método de história oral, coordenou vários projetos na área de história institucional e de empresas. É autora de livros como *Saudades da Guanabra, Rio, cidade-capital*, entre outros.

ANA MARIA MAUAD é doutora em História pela Universidade Federal Fluminense (UFF), onde leciona. Atualmente, é coordenadora do Programa de Pós-Graduação em História da UFF, participante do colegiado do mestrado profissional ProfHistória. Pesquisadora do Labhoi desde 1992, do CNPq desde 1996 e Cientista do Nosso Estado Faperj (2013-2016). Atua nos campos da história visual, da história oral e da história da memória, com especial interesse sobre fotografia, seus usos e funções e circuitos sociais. Entre suas obras publicadas destaca-se *Poses e flagrantes: ensaios sobre história e fotografias*.

PAULO KNAUSS é doutor em História, professor do Departamento de História da Universidade Federal Fluminense (UFF), onde integra o Laboratório de História Oral e Imagem. Atualmente é diretor do Museu Histórico Nacional. É sócio do Instituto Histórico e Geográfico Brasileiro e do Instituto Histórico e Geográfico do Rio de Janeiro, além de membro do Comitê Brasileiro de História da Arte. Como pesquisador tem se dedicado ao estudo das relações entre arte, imagem e cultura visual, explorando especialmente a história de acervos e coleções. É autor de vários estudos, e mais recentemente publicou como coorganizador o livro *Objetos do olhar: história e arte*.

Este livro foi editado na
primavera de 2015,
por ocasião dos 450 anos
da Cidade de São Sebastião
do Rio de Janeiro.